곤충들이 사라진 세상

곤충이 사라지면 얼마나 위험할까?

Bugs in Danger: Our Vanishing Bees, Butterflies, and Beetles
by Mark Kurlansky, Illustrated by Jia Liu

Text Copyright ⓒ 2019 by Mark Kurlansky
Illustrations Copyright ⓒ 2019 by Jia Liu

This translation of Bugs in Danger: Our Vanishing Bees, Butterflies, and Beetles, 2022
is published by Dourei Publication Co.
by arrangement with Bloomsbury Publishing Inc. All rights reserved.

이 책의 한국어판 저작권은 ㈜한국저작권센터(KCC)를 통해
Bloomsbury Publishing Inc.와 독점계약한 두레출판사가 갖고 있습니다.
저작권법에 의하여 한국 내에서 보호를 받는 저작물이므로 무단으로 전재하거나 복제할 수 없습니다.

곤충들이 사라진 세상
곤충이 사라지면 얼마나 위험할까?

마크 쿨란스키 지음 · 지아 리우 그림 · 김소정 옮김

두레아이들

· 차례 ·

1부 곤충 세상

1 파리채 휘두르기 9
2 곤충은 어떻게 적응할까요? 13
3 먹히는 자와 먹는 자 23
4 자연의 무질서 28
5 매력적인 존재 34

2부 벌

6 침을 쏘는 곤충 47
7 허니, 나 왔어! 55
8 꿀벌 대소동 60
9 꿀벌은 왜 춤을 출까요? 64
10 꿀벌로 살기의 어려움 72
11 사라지는 꿀벌들 79

3부 딱정벌레

12 딱정벌레 만나기 95
13 무슨 쓸모가 있을까요? 105
14 찢어지는 마음 112
15 불이 꺼지면 124

4부 나비

16 아름다운 인시목 139
17 믿기 힘든 여행 148
18 변하는 세상에서 살아남기 158
19 멈추지 않는 춤 162
20 위험한 곤충 채집망 169

결론

21 사람은 생존할 수 있을까요? 179
22 죽음의 생물학 191
23 무엇을 할 수 있을까요? 198

참고문헌 205
찾아보기 210

수탉이 우는 소리,

개가 으르릉거리는 소리,

한낮에 곤충이 윙윙거리는 소리,

이 모든 소리가 자연이 건강하게 기능하고 있다는 증거이다.

— 헨리 데이비드 소로, 「콩코드강과 메리맥강에서 보낸 일주일」(1849)

1부

곤충 세상

1. 파리채 휘두르기

　발바닥이나 손바닥, 아니면 파리채로, 개미나 파리를, 아니면 모기를, 죽여 본 적이 있나요? 벌레가 윙윙거리는 오후에 파리를, 모기를, 이름 모를 작은 괴물을 단칼에 해치우면서 이 세상에 벌레가 훨씬 적었으면 좋겠다고 생각한다고 해서 그런 생각을 하는 사람을 비난할 사람이 있을까요? 곤충에게 저절로 손이 나가는 것은 사람의 본능이랍니다. 우리는 그렇게 살아가도록 설계되었고, 곤충과 우리 사이에는 그런 일이 일어날 수밖에 없어요.

　우리에게는 곤충을 죽여야 하는 그럴싸한 이유도 많아요. 곤충은 우리를 물어요. 곤충은 우리를 아프게 찌르고,

병을 옮기고, 농작물을 망쳐요. 게다가 집까지 먹어 치운다고요! 하지만 지구에서 곤충은 너무나도 빠르게 사라지고 있어요. 사람을 비롯한 모든 동물이 생존하려면 반드시 수많은 생물종이 한데 뒤섞여 살아야 해요. 어떤 동물이건 일단 사라지기 시작하면 우리는 모두 생존하기 힘들어져요.

지구에 사는 모든 생명체는 지구에 사는 다른 생명체에게 영향을 미쳐요. 그 영향이 단순히 다른 생명체의 수를 억제하는 것일 때도 있어요. 예를 들면, 무당벌레가 없으면 진딧물이 지나치게 많아질 수 있죠. 늘어난 진딧물이 농작물을 게걸스럽게 먹어 치우면 우리가 먹을 식량이 사라져요. 생명은 서로 연결된 거대한 그물이고, 모든 생물종은 저마다 그 그물을 짜는 일에 공헌해요. 우리에게는 모든 생명체가 필요해요.

곤충을 그저 섬뜩하고 끔찍한 존재라고 생각하는 사람도 있어요. 흰개미를 싫어하는 건 어느 정도는 이해할 수 있어요. 흰개미는 목재를 먹고 집을 훼손하니까요. 하지만 개미조차도 싫어하는 사람이 있답니다. 나는 진화생물학자이자 저명한 개미 전문가 에드워드 O. 윌슨 1929~2021 박사에게 집 안으로 개미가 들어오면 어떻게 해야 하는지 물어본 적이 있어요. 윌슨 박사는 개미는 그저 지나가는 길일 테니 굳이 개미 때문에 걱정할 필요는 없다고 알려 줬어요. 개미에게 시간을 주면 대부분은 밖으로 나갈 거라고 말이죠. 그러면서 개미는 특히 참치와 휘핑크림을 좋아한다고 말하기는 했지만 말이에요. 혹시라도 개미에게 자신이 환영받는 손님이라는 느낌이 들게 할 정도로 집

안 환경을 좋게 꾸며 놓는다면 개미는 나가지 않고 집에 머물 거예요.

우리가 처한 현실은 이제 우리 집에 들어오는 벌레 수가 적어지고 있다는 거예요. 이런 상황은 위기라고 할 수 있어요. 실제로 집에는 벌레가 있어야 해요. 숲에, 들에, 지구의 모든 곳에 곤충이 있어야 해요.

곤충은 우리 풍경의 일부예요. 숲에서, 정원에서 윙윙거리는 벌레 소리가 들린다는 것은 자연이 제대로 살아 있다는 뜻이에요. 열대우림에는 아주 많은 곤충이 있어서 단순히 윙윙거리는 소리로 그치지 않아요. 열대우림에서는 곤충들이 포효하다시피 해요.

그런데 사실 사람들에게는 저마다 다른 곤충보다 더 좋아하는 곤충이 있어요. 반딧불이가 빛을 내거나 나비가 날아다니는 곳에는 관광객이 모여요. 사람들은 꿀이 많은 화려한 꽃 위를 나는 벌과 나풀거리며 들판을 나는 나비를 보면서 하루를 보내기도 해요. 우리에게 맛있는 꿀을 주니까 벌을 고마운 존재라고 생각해요. 어렸을 때 나는 몇 시간이고 빈둥거리며 뉴잉글랜드 미국 북동부에 있는 메인주, 뉴햄프셔주, 버몬트주, 매사추세츠주, 코네티컷주, 로드아일랜드주를 포함하는 지역—옮긴이에 있는 우리 집 뒤뜰에서 자작나무 위를 부지런히 기어 다니는 밝은 두점무당벌레를 관찰하곤 했어요. 나비, 무당벌레, 반딧불이, 벌 등은 사람들이 좋아하는 곤충 목록에서도 제일 높은 자리를 차지하기도 하지만, 사라져 가는 곤충 목록에도 올라 있어요. 이 작고 이상한 생명체들에 관해 생각하는 일이 거의 없다고 해도 우리는 이 생명체들 없이 살아갈 준비가 전혀 되어 있지 않아요.

내가 땅에 불을 밝히려 할 때

딱정벌레는 땅을 돌며 살핀다.

이제 저 딱정벌레들의 노랫소리를 따라가자.

작은 방랑자가 너의 집으로 급히 가고 있으니.

— 윌리엄 블레이크

2. 곤충은 어떻게 적응할까요?

　지구를 건강하게 보살피고 싶다면 우리가 살리고 싶은 동물만 선택해서 보살피면 안 돼요. 모든 동물을 보살펴 주어야만 해요. 하지만 우리 인간은 우리에게 가까운 종에게만 더욱 신경을 쓰고 있는 것 같아요.
　자연은 자신이 품은 생명체를 별개의 무리로 나누지 않아요. 그런 일을 하는 건 우리 사람이에요. 18세기 스웨덴의 식물학자인 칼 린네 1707~1778가 그 일을 처음 시작했어요. 그는 살아 있는 모든 유기체를 체계적으로 나누어 분류하고 학명을 붙이는 방법을 생각해 냈어요. 1만 3000개 생물종의 특성을 파악하고 분류한 린네는 결국 이 세상 모든 생물을 자신이 생각한 방법으로 분류할 수 있을 거라고 믿었어요. 린네는 살아 있는 생물을 일반적인 특징부터 시작해서 특수한 특징으로 좁혀 가는 방법으로 분류했어요. 그 결과가 생물의 분류 체계인 계界, 문門, 강綱, 목目, 과科, 속屬, 종種이에요. 사람은 린네 방식으로 '동물계, 척추

동물문, 포유강, 사람목, 사람과, 사람속, 호모 사피엔스종'이라고 분류할 수 있답니다.

린네는 지구에 얼마나 많은 생물종이 존재하는지 알지 못했어요. 그건 지금 우리도 마찬가지예요. 과학자들은 지금도 계속 새로운 '종'과 새로운 '속'의 생물을 발견하고 있어요. 가끔은 전적으로 새로운 '계'를 발견하기도 해요. 린네는 주로 식물에 관심이 많았으나 동물에게도 관심을 기울였어요. 린네가 분류 체계를 만든 뒤로 과학자들은 새로운 계를 네 개나 찾아냈어요.

지금은 생명체를 여섯 개의 계, 즉 동물계, 식물계, 박테리아계, 균류계, 원생생물계, 고세균계로 구분해요. 하지만 우리가 흔히 보고 떠올리는 생물은 대부분 동물계와 식물계 두 가지랍니다.

고세균은 아주 단순한 유기체인데 정말 작아요. 고세균은 단 한 개의 세포로 되어 있어요. 그래서 세포 외부를 둘러싼 세포벽 외에는 다른 세포 소기관이 없어요. 고세균은 1977년에야 미국 과학자 칼 우즈_{1928~2012}가 발견했어요. 이 단순한 유기체들이 지구 생명체의 역사에서 아주 이른 시기에 나타난 생명체들임이 밝혀지자, 과학자들은 지구 생명체가 자신들이 이전에 생각하던 것보다 적어도 10억 년은 더 전에 탄생했다는 것을 알았어요. 네, 맞아요. 10억 년도 더 전에 지구에 생명체가 등장한 거예요. 고세균 중에는 산소가 적은 환경에서 살아가는 종이 있다는 사실을 생각해 보면 그보다 더 오래전부터 살았을 수도 있어요. 고세균은 사람의 입술이나 대장을 비롯해 정말로 다양한 환경에서 살아요. 탄소 순환과 질소 순환처럼 생물이 살아가려면 반드시 일어나야 하는 무기물의 순환 과정에서도 고세균은 중요한 역할을 해요.

고세균보다 조금 더 복잡한 생물계는 원생생물계예요. 원생생물도 단세포 생물이지만 세포 구조는 고세균보다 복잡해요. 원생생물의 세포 안에는 유전물질이 들어 있는 핵이 있어서 부모의 특징을 자손에게 전달할 수 있고, 진화도 할 수 있답니다. 원생생물의 세포에는 특수한 기능을 담당하는 세포 소기관들이 있어요. 햇빛을 모아 영양소를 만드는 세포 소기관 엽록체도 있고 에너지를 만드는 세포 소기관 미토콘드리아도 있어요. 산소가 없는 환경에서 살아가는 원생생물도 있는데 하는 일이 거의 없어요. 조류, 아메바, 짚신벌레 등이 원생생물이에요. 아메바는 위족으로 움직이고, 짚신벌레는 섬모로 움직여요. 짚신벌레는 성장 속도가 아주 빨라서 실험 과학자들이 아주 좋아해요. 짚신벌레의 몸에는 털처럼 생긴 섬모가 나 있어 물속에서 어느 방향으로든 헤엄쳐 나갈 수 있어요. 짚신벌레는 1초에 2㎜까지 이동할 수 있어요. 아주 느린 속도로 이동하기 때문에 1시간에 7m쯤 가는 것이 고작이지만, 사실 그 정도 속도라면 아주 작은 원생생물의 세상에서는 놀랍도록 빠르게 움직이는 거예요. 한 방향으로 1㎜만 이동해도 짚신벌레는 빠르게 돌진하는 것처럼 보여요. 하지만 성능이 좋은 현미경이 없다면 보지 못할 정도로 작아서 우리 눈에 띄는 일도 거의 없고, 애완동물로 기를 수도 없어요.

그다음 생물계는 균류계예요. 균류는 보통 운동선수의 발에 감염을 일으키는 등 곤란한 문제를 일으켰을 때만 우리 눈에 띄지만, 사실 균류는 좋은 일도 하고 나쁜 일도 한답니다. 죽은 생명체를 분해해 영양소가 자연 속에서 순환하게 하는 것도 균류가 하는 역할이에요. 페니실린 같은 유용한 약을 만들 때도 균류가 필요하고, 치즈를 만들 때도 균류가 필요하답니다. 그러나 균류 하면 대부분 생각나는 건 우리가 좋아하는 먹거리예요. 버섯 말이에요.

다음 생물계는 박테리아계랍니다. 박테리아도 좋은 일도 하고 나쁜 일도 해요. 박테리아는 우리 몸을 비롯해 어디에나 있어요. 예전에는 많은 과학자가 박테리아가 지구에 가장 먼저 등장한 생명체이고, 지구 생명체는 모두 박테리아에서 진화했다고 생각했어요. 하지만 인류는 17세기에야 박테리아의 존재를 알았고 네덜란드의 안톤 판 레이우엔훅이 박테리아 처음 발견—옮긴이, 19세기 말까지는 박테리아가 하는 일도, 박테리아의 생김새도 알지 못했어요. 정말 성능이 뛰어난 현미경이 발명된 뒤에야 우리는 박테리아를 관찰할 수 있게 되었답니다. 감기, 수두, 유행성 이하선염 볼거리처럼 가벼운 병을 일으키는 박테리아도 있지만, 콜레라, 폐렴, 결핵처럼 심각한 질병을 일으키는 박테리아도 있어요. 이와 반대로 사람에게 아주 좋은 일을 해 주는 박테리아도 있답니다. 우리 몸에 도움을 주는 박테리아를 보통 유산균 Probiotics이라고 불러요. 유산균은 약을 만들 때도 이용하고, 특별한 음식을 만들 때도 활용해요. 요구르트를 건강식품이라고 하는 건 유산균이 들어 있기 때문이에요. 요구르트에는 사람이 가장 많이 이용하는 락토바실루스 아시도필루스 *Lactobacillus acidophilus*라는 유산균이 들어 있어요. 유산균의 종류는 아주 많아요. 치즈도 만들고, 소화기관에 생긴 병을 낫게 도와주는 스트렙토코쿠스 서모필루스*Streptococcus thermophilus*도 유산균이에요.

우리가 주로 관심을 갖는 두 생물계, 즉 동물계와 식물계에는 쉽게 볼 수 있을 뿐 아니라 즐겨 먹는 유기체들이 포함되어 있어요. 식물은 다세포 유기체인데, 섬유질로 이루어진 독특한 세포벽이 있어요. 식물은 햇빛을 이용해서 자신이 먹을 음식을 직접 만들어요. 동물은 유기물질을 먹는 유기체로, 감각계와 신경계가 있고, 보통은 산소로 호흡해요.

동물계 안에는 문門이 35개 정도 있어요. 과학자마다 이 세상에 존재한다고 주장하는 문의 개수가 달라요. 진와충류Xenoturbellida라는 뇌가 없는 작은 생명체들을 독립적인 하나의 문으로 분류하는 과학자도 있지만, 진와충류는 오직 두 종밖에 없는 데다 유전자도 다른 문의 생물과 비슷하기 때문에 별개의 문이 될 수 없다고 주장하는 과학자도 있어요. 무장동물Acoelomorpha을 독특한 문으로 인정을 해야 할지 말아야 할지를 놓고도 과학자들이 토론하고 있어요. 세상에는 문이 되지 못한 동물 무리도 있고 무시되거나 잊힌 동물 무리도 있지만, 적어도 한 문은 과학자들의 사랑을 받고 있고 이 세상에 널리 알려져 있어요. 바로 가재, 노래기, 지네, 거미, 곤충이 속한 절지동물문이에요. 절지동물은 뼈가 없어요. 그 대신에 외골격이라고 하는 단단하거나 조금 단단한 외피가 있어요. 19세기에 파리에 살았던 생물학자 에티엔 조프루아 생틸레르1772~1844는 절지동물에게 뼈가 없다는 사실에 깜짝 놀랐어요. 생틸레르는 외골격은 절지동물의 척추이며, 곤충은 척추 안에서 산다는 가설을 세웠어요. 그리고 절지동물의 다리는 갈비뼈라는 가설도 추가했죠. 다리가 갈비뼈라는 그의 추론은 틀렸지만, 실제로 곤충의 뼈는 몸의 안쪽이 아니라 바깥쪽을 감싸고 있어요. 정말로 뼈 안에서 살아가는 거예요.

곤충은 절지동물문에 속한 곤충강 생물들이에요. 곤충강은 모두 독특한 특징이 있어요. 절지동물문의 다른 동물들과 달리 곤충은 다리가 여섯 개예요. 곤충의 몸은 머리, 가슴, 배라는 세 부분으로 나누어져 있어요. 곤충의 머리는 종마다 다르게 생겼으나 곤충은 모두 겹눈이 있고, 후각·촉각·바람이 불어오는 방향 감지·물 찾기·맛보기 같은 다양한 기능을 수행하는 더듬이가 한 쌍 있어요. 곤충의 겹눈은 수백 개 또는 수천 개의 낱눈으로 이루어져 있어요. 낱눈은 모두 저마다 조금씩 다른 방향을 봐요. 그래서 곤충이 보는 세상은 픽셀이 제대로 합쳐지지 않는 고장 난 텔레비전 화면처럼 뿌옇답니다. 하지만 사물의 움직임을 아주 예민하게 감지할 수 있어요. 곤충이 눈치채지 못하게 살금살금 다가가는 게 힘든 건 그 때문이에요 곤충이 자기 모습을 들키고 싶지 않아 움직임이 느껴지면 꼼짝도 하지 않고 가만히 있는 경우도 있지만요.

곤충강에 속하는 동물 종은 어마어마하게 많아요. 몸길이가 15㎝나 되고 다른 곤충을 사냥해 먹는 거대한 사마귀*Archimantis monstrosa*도 곤충이고, 사마귀하고 아주 가까운 친척이지만 사람들이 싫어하는 바퀴도 곤충이고, 멋진 나비도, 진딧물처럼 식물의 즙을 빨아 먹는 동물도, 모기나 빈대처럼 사람의 피를 빨아 먹는 동물도 모두 곤충이에요. 거대한 사마귀만큼 크지는 않지만, 몸길이가 10㎝는 되는 골리앗장수꽃무지

*Goliathus goliatus*는 사람의 친구가 되어 줄 정도로 충분히 커서 아프리카 대륙에서는 골리앗장수꽃무지를 애완동물로 삼는 지역도 있답니다. 개와 고양이의 먹이로 주기도 하지만요. 지구에 사는 동물 종 가운데 곤충이 차지하는 비율은 80%가 넘을 거예요.

생물의 분류 체계에서 가장 정확한 분류 단위는 '종 Species'이에요. 나비, 벌, 딱정벌레 할 것 없이 종류가 다른 곤충은 모두 다른 종으로 분류해요. 제왕나비는 나비 가운데 한 종이고, 꿀벌은 벌 가운데 한 종이에요. 생물학에서는 모든 생물의 이름을 라틴어로 속명과 종명을 함께 쓰는 학명으로 표기해요.

'버그bug'를 '벌레'나 '작은 곤충'이라고 하지만, 과학적으로는 모든 곤충이 버그는 아니에요. 반시류 노린재목이라고도 해요만을 버그라고 해요. 반시류 곤충은 찌르고 빠는 입이 있어요. 우리 피를 빨아 먹는 빈대나 죽을 때까지 식물을 빨아 먹는 진딧물도 반시류 곤충이에요. 반시류 곤충을 좋아하는 사람은 없어요. 현대 생물학의 창시자라고 할 수 있는 19세기 영국의 과학자 찰스 다윈1809~1882도 버그는 혐오스러운 곤충이라고 생각했어요. 다윈은 곤충이라면 대부분 좋아했지만 1845년에 비글호를 타고 전 세계를 여행한 경험을 이야기하면서 남아프리카 대륙에서 발견한 거대한 '빠는 버그Sucking bug'를 소개할 때는 그렇지 않았어요. 그때 다윈은 그 버그가 "정말로 혐오스러웠다"라고 했어요.

버그를 좋아하는 사람은 아무도 없는 것 같아요. 그래서 우리는 싫은 기분이 드는 기어 다니는 작은 동물을 보면 무조건 버그라고 부르죠. 우리가 너무나도 고집스럽게 아무 동물에게나 '버그'라는 이름을 함부로 쓰자 과학자들은 반시류 곤충들에게 '진짜 버그True bug'라는 이름을 붙여 주었어요. 우리가 버그라고 부르는 동물 중에는 곤충이 아닌 동물도 있어요. 곤충은 다리가 여섯 개여야 해요. 거미, 진드기, 노래기, 지네는 곤충보다 다리가 훨씬 더 많아요. 다리가 많은 이런 동물들도 절지동물문에 속하지만, 곤충은 아니에요.

현재 지구에서 살아가는 생명체 가운데 지금까지 학명을 붙여 준 생물종은 139만 2485개라고 해요. 전체 생물종과 비교하면 아주 적은 양이에요. 에드워드 O. 윌슨은 현존하는 전체 생물종은 500만 종에서 3000만 종 정도가 될 거라고 했어요. 해마다 2만 종쯤 되는 새로운 생물이 발견되고 있어요. 이제는 이미 알려진 종과 새로 발견한 종의 DNA를 비교할 수 있는 조그만 전자 장비를 발명했기 때문에 새로운 종을 발견하는 속도는 더욱 빨라질 거예요.

1980년대에 남아메리카 대륙의 열대우림에서 찾은 새로운 생물종 덕분에 현생 생물종의 수는 3000만 종에 가까우리라고 추정하는 생물학자들이 많아요. 열대우림은 지구 표면을 고작 7%만 덮고 있으나 지구 생물종의 절반 이상이 열대우림에서 살아요. 아직도 많은 열대우림 종이 발견되지 않았어요. 문제는 그런 열대우림이 너무나도 빠른 속도로 사라지고 있다는 거예요. 정말 안타까운 일이에요.

열대우림이 사라지는 게 왜 중요하냐고요? 그건 모든 생물종이 저마다 자신만의 유전자를 간직하고 있어서 한 종 한 종이 모두 소중하기 때문이에요. 유전자에는 생명에 관한 중요한 정보가 들어 있어요. 아주 작은 박테리아에는 1000개 정도 되는 유전자가 있어요. 사람에게는 유전자가 2만 개에서 2만 5000개 정도 있어요. 놀랍게도 사람보다 유전자 수가 더 많은 식물도 있어요. 현미경으로 보아야만 볼 수 있는 원생생물에게도 유전자가 있어요. 흔히 유전자를 '청사진'에 비유해요. 유전자는 한 종을 만들고, 한 종에 속한 개별 생명체들을 만들어 내는 설계도라고 할 수 있어요. 한 종의 유전자에 생긴 변이가 새로운 종으로 진화할 수 있는 변화를 만들기도 해요. 유전자에 생긴 이런 변이 덕분에 한 종은 기후 변화 같은 환경 변화에 적응하고, 어려운 상황에서도 살아남을 수 있는 방법을 찾을 수 있답니다.

생명체는 서로 의존하며 살아가요. 같은 문에 속한 생물들뿐만 아니라 다른 계에 속한 생물들도 모두 서로에게 영향을 미쳐요. 한 종이 사라지면 다른 종들도 위험해져요. 이제는 곤충, 식물, 동물이 살아남으려면 서로에게 많이 의존해야 한다는 사실을 점점 더 깊게 이해하고 있어요. 사람의 생존도 당연히 곤충을 비롯한 모든 생명체에게 의존하고 있답니다.

3. 먹히는 자와 먹는 자

우리가 '자연계'라고 부르는 지구 생명체에 관한 지식의 상당 부분은 찰스 다윈이 알려 주었어요. 다윈의 가장 유명한 책인 『자연 선택에 의한 종의 기원, 또는 생존 경쟁에 유리한 종족의 보존에 관하여』는 1859년에 출간됐어요. 하지만 이 책의 제목은 말하기에도 기억하기에도 너무 길었기 때문에 결국 지금은 유명해진 『종의 기원 On the Origin of Species』이라는 제목으로 부른답니다. 사람도 동물계에 속하는 한 종이며, 다른 동물들이 받는 자연의 법칙에 똑같이 영향을 받는다고 말한 사람이 바로 다윈이에요. 이 생각은 다윈의 가장 중요한 생각 가운데 하나이자, 곤충이 사라지는 문제처럼 현대 환경 문제를 이해하는 데 핵심 열쇠라고 할 수 있어요. 사람이 자연의 나머지 부분과 동떨어진 존재가 아니라는 사실을 이해하는 일은 정말 중요해요.

다윈은 곤충을 사랑했어요. 찰스 다윈의 사촌인 윌리엄 다윈 폭스 덕

종의 기원

분에 다윈은 십 대 때 곤충학을 알게 돼요. 대학생이었던 윌리엄이 학교로 돌아가자 찰스 다윈은 윌리엄에게 "나는 서서히 죽어가고 있어요. 여기는 곤충에 관해 이야기를 나눌 사람이 아무도 없어요!"라는 편지를 써서 보냈어요. 다윈은 정말 곤충을 사랑하는 사람이었죠.

지금까지 다윈의 생각을 두고 수많은 찬반 논쟁이 있었으나 과학자들이 다윈은 틀렸다고 주장할 때마다 오히려 다윈이 옳았다는 사실이 입증되고 있답니다. 다윈이 자신의 생각을 발표한 뒤로 160여 년이 지난 지금은 현대 유전학을 비롯한 많은 과학이 다윈의 이론을 대부분 뒷받침해 주고 있어요.

다윈의 가장 유명한 생각은 진화론이에요. 같은 특성을 한데 모아 동물을 무리 지은 린네도 여러 종의 동물에 같은 특성이 있는 이유가 같은 뿌리에서 나왔기 때문임을 완벽하게는 이해하지 못했어요. 다윈은 이 세상에 단독으로 존재하는 종은 없다는 사실을 깨달았어요. 모든 생물종은 앞선 종이 발달한 결과임을 깨달은 거예요. 다윈은 (사람뿐 아니라) 모든 생물종이 자기 종의 생존에 집착한다는 사실도 깨달았어요. 특히 자신의 유전자를 후손에게 전달하는 일에 집착한다는 사실을 말이에요. 살아남아서 유전자를 전달하려고 생물종은 자기 앞에 놓인 난관을 극복하고 끊임없이 실험하면서 환경에 적응하려고 해요. 실험에 실패한 종은 결국 사라지지만 실험에 성공한 종은 영원히 지속되는 변화를 겪으면서 새로운 종으로 진화해요.

원래 다윈은 진화를 '변하는 혈통 Descent with modification'이라고 불렀어요. 한 세대가 태어날 때마다 변화가 생긴다는 뜻이에요. 생물종은 살아남으려고 아주 기발한 방법을 수도 없이 찾아냈어요. 나비가 포식자에게 자신은 지독한 맛이 난다는 사실을 기억하게 하려고 날개 색을 화려하게 꾸미는 것도 그런 전략이에요. 한 생물종이 개발한 전략이 성공하면 그 종은 계속 살아갈 수 있어요. 하지만 실패한 전략도 우리는 잘 알고 있죠. 몸집을 키운 공룡은 먹이를 지나치게 많이 먹어야 해서 오래 살아남을 수가 없었어요. 그런데 공룡의 특성 중에는 지금도 사라지지 않은 것들이 있는데, 바로 깃털과 비어 있는 뼈예요. 그런 특성을 지닌 공룡들은 가벼워서 몸집이 작아지자 날 수 있었어요. 지금은 그런 공룡을 새라고 불러요.

새 중에서 비둘기는 성공적으로 생존한 종이랍니다. 비둘기는 사람으로 가득한 도시에서도 성공적으로 번식해 살아가고 있어요. 옛날에, 아프리카 대륙에서 2250㎞쯤 떨어진 바다에 있는 모리셔스라는 섬나라에서는 비둘기가 변해 새로운 종으로 발달한 새인 도도새 Raphus cucullatus가 살았어요. 이 새는 키가 90㎝가 넘고 몸무게도 18㎏이 넘는 커다란 새인데, 과일을 먹고 살았어요. 모리셔스에는 도도새의 천적이 없었기 때문에 도도새는 천적을 피할 방어 전략을 세울 필요가 전혀 없었어요. 심지어 날아다닐 필요도 없었어요. 그런데 모리셔스섬으로 사람들이 들어오면서 개, 고양이, 돼지, 쥐들을 데리고 온 거예요. 그때부터 도도새에게는 천적이 잔뜩 늘어난 셈이었으나 도도새는 도망쳐야 한다는 사실조차 알지 못했어요. 사람들이 그 새에게 도도라는 이름을 붙인 것은 그 때문이에요. '도도Dodo'는 포르투갈어로 '어리석다'라는 뜻이거든요. 17세기가 끝날 무렵에 도도새는 완전히 멸종해요. 변한 환경에 적응해 변할 수 있는 전략을 세우지 못했기 때문이에요.

다윈은 자연을 한 종이 다른 종을 이용해 이득을 취하는 거칠고 무정한 체계라고 보았어요. 유기체는 오직 자기 종의 생존에만 신경을 쓰며, 반드시 살아남아 먹고 번식하려고 애쓰는 이유는 그 때문이라고 했어요. 다윈은 "우리 주위에서 평화롭게 노래하는 저 새들 대부분이 곤충이나 종자를 먹으며, 사실은 끊임없이 생명을 파괴하고 있음을 우리는 보지 못하거나 잊고 있다……"라고 했어요. 생명체들은 대부분 먹는 자이자 먹히는 자예요. 천적이 없는 종은 개체 수가 지나치게 늘어서 먹이를 찾으려고 애쓰는 동안 다른 종에게 피해를 주거나, 자신이 굶어 죽을 수도 있어요. 생명체가 살아남으려면 적절하게 균형을 유지해야만 해요.

생물종은 개체 수가 많아야지만 그러나 너무 많으면 안 돼요 적절하게 균형을 이루며 생존할 수 있어요. 다윈은 『종의 기원』에서 "한 종이 보존되려면 반드시 천적의 수보다 훨씬 많은 수가 존재해야 한다"라고 했어요.

어떤 이유로든 한 종의 개체 수가 줄어들기 시작하면 언제 이 종이 더는 유지될 수 없을 정도로 개체 수가 적어질지를 예측하기가 불가능해져요. 얼마 남지 않은 마지막 생존자들은 결국 번식하지 못하고 죽거나 잡아 먹힐 거예요.

문제는 한 종의 멸종이 그 종의 멸종으로만 끝나지는 않는다는 거예요. 어떤 종이든 한 종이 이 세상에서 완전히 사라지면 어떤 식으로든 그 종과 관계를 맺고 의지해 왔던 다른 종도 생존이 위태로워져요. 그 때문에 여러 종이 사라지면, 더 많은 종이 위험에 처하게 돼요. 생물종은 서로가 서로에게 의지하고 있어요. 자연은 수백만 종의 생물이 함께 존재하도록 설계되어 있어요. 그 같은 상황을 다윈은 간단하게 이렇게 말했어요. "엄청난 다양성이 지탱해 주어야지만 수많은 생명체가 살아갈 수 있다." 그것은 생물계를 구성하는 생물문 속에 포함된 종의 수가 많으면 많을수록 전체 생명체가 살아남을 가능성이 더 높아진다는 뜻이에요.

1986년에 과학자들은 모여서 이 문제를 의논했고, '생물다양성 Biodiversity'이라는 용어를 만들었어요. 생태계라고 부르는 전체 생명 체계가 건강하게 유지되려면 '생물다양성'은 정말 중요해요. 생물다양성이란 다양한 종류의 많은 생물종이 한데 모여 산다는 뜻이에요. 현재 지구 생태계는 건강하지 않아요. 너무 많은 종이 사라졌고, 지금도 많은 종이 사라져 가고 있고 앞으로도 사라질 거예요. 중요한 곤충이 몇 종이라도 사라지면 지구 생명체는 모두 위태로워질 수 있어요.

4. 자연의 무질서

한 종이 멸종했다고 단정해서 말하기는 어려워요. 특히 작은 곤충은 찾기 힘들기 때문에 멸종을 말하기가 더 어려워요. 과학자들도 멸종이라는 용어를 쓰는 걸 주저하죠. 멸종했다고 생각했던 생물이 다시 나타날 수도 있으니까요. 그러나 한 생물종이 쉽게 찾을 수 없을 정도로 적다면 멸종이 멀지 않았다고 볼 수도 있을 거예요.

곤충이 사라질 때 생태계가 치러야 하는 대가는 분명히 알 수 있어요. 꽃 피는 많은 식물이 곤충에 의지해 꽃가루를 퍼트려요. 꽃가루는 식물의 번식을 담당하는 물질로 꽃가루가 널리 퍼져야만 40만 개나 되는 꽃 피는 식물의 유전자를 다음 세대에 전달할 수 있어요. 곤충이 없으면 꽃 피는 식물도 사라질 거예요. 그러면 사람을 비롯한 수많은 동물이 식물을 먹지 못할 거예요. 게다가 곤충은 다른 곤충을 잡아먹기도 해요. 포식자 곤충이 사라지면 생태계 안에 먹이 곤충의 수가 너무 많아지고 사방에 들끓어 농작물이 남아나지 않을 수 있어요. 개구리, 새, 물고기, 포유류 중에는 곤충을 먹고 사는 동물들이 있어요. 곤충이 사라지면 그런 동물들도 굶어 죽을 거예요. 그럼 곤충을 먹고 사는 동물을 먹이로 삼는 동물도 사라지겠죠 이미 새와 개구리는 빠른 속도로 사라지고 있어요. 결국 사람이나 고양잇과 동물, 곰 같은 최상위 포식자도 먹이가 없어 죽고 말 거예요.

어째서 이런 참사가 일어나고 있을까요? 1962년에 레이첼 카슨 1907~64은 오늘날 환경 고전이 된 책 『침묵의 봄』을 발표했어요. 책에서 카슨은 무분별하게 사용하는 살충제 때문에 생태계가 파괴되고 있다고 경고했어요. 특히 DDT라는 살충제가 문제가 된다고 했어요. 살충제는 곤충을 죽이는 화학 물질인데, 말라리아라는 무서운 병을 옮기는 모기 같은 곤충을 죽여요. 그런데 살충제에는 생각지도 못한 부작용이 있었어요. DDT가 모기 같은 곤충뿐만 아니라 다른 곤충들과 새, 포유류 심지어 사람에게까지 해를 미칠 수 있었던 거예요.

카슨이 폭로한 참사는 현재 우리가 직면한 참사에 비하면 비교적 단순한 문제라고 할 수 있어요. 무분별하게 마구 사용한 DDT 때문에 곤충과 새가 죽고 생태계에 엄청난 영향을 미쳤지만, 이제는 곤충이 죽어가는 이유가 한 가지가 아니기 때문이에요.

생물학자들은 생물다양성을 해치는 위협을 'HIPPO'라고 불러요.

첫 글자 'H'는 곤충을 빠른 속도로 사라지게 만드는 첫 번째 원인인 서식지 감소 Habitat loss를 뜻해요. 서식지 감소는 곤충뿐만 아니라 여러 동물과 식물을 멸종하게 하거나 멸종할 위험에 처하게 하는 가장 큰 원인이에요. 문명이 시작된 뒤부터 인류의 발전은 늘 자연을 위협했어요. 우리가 만드는 것은 무엇이든지 야생 생물의 서식지를 파괴했어요. 이런 실수를 하게 된 이유는 사람의 세상과 자연의 세상이 나누어져 있다고 생각했기 때문이에요. 이 세상에는 단 하나의 세상, 단 하나의 자연 질서밖에 없어요. 이제 우리는 호랑이, 판다, 기린, 사슴의 서식지를 침범했을 때는 곧 그 사실을 깨닫고 그 동물들을 위한 보호지역을 마련하려고 노력하죠. 바다에서도 바다 생물을 보호할 수 있는 보호지역을 만들고 있어요.

사람들은 열대우림이 파괴되는 문제에 관심이 엄청 많아요. 열대우림은 지구에서 생물종이 가장 많이 모여 있는 곳이기 때문에 목재를 얻거나 농사를 지으려고 나무를 잘라 내 개간을 하면 동식물 종이 어마어마하게 많이 사라질 거예요. 목재를 얻거나 농사를 지을 목적 외에도 멕시코와 과테말라 국경처럼 두 나라의 국경을 분명하게 구분하려고 열대우림을 훼손하기도 해요.

사람들은 대부분 열대우림을 지켜야 한다는 생각에는 찬성하지만 자신이 열대우림에서 살고 싶어 하지는 않아요. 우리가 사는 곳이, 사람들이 만든 마을이, 쇼핑몰이, 도시 근교가,

시골집이, 고속도로가, 심지어 자전거 도로가 자연 서식지를 어떤 식으로 파괴하고 있는지를 생각하고 토론하고 싶어 하는 사람은 많지 않아요. 바다나 호수, 강 옆에서 살고 싶다는 사람들의 욕망 때문에 생태계가 잘 조성된 환경이 무분별하게 개발되고 있어요. 해마다 수천 에이커 1에이커는 약 4,047㎡이며, 단위는 'ac'—옮긴이에 이르는 들판을 집 짓기 위해 깎아 버린다면 과일을 기를 수 있을까요? 사람들 집으로 가득 찬 곳에서 곤충들이 살 수 있을까요? 겉으로 보기에는 전혀 해가 없는 구조물이나, 우리가 먹을 식량을 기를 밭을 만드는 것 같은 아주 단순한 사람의 활동도 다른 생명체의 서식지를 파괴해요. 해마다 많은 야생 생물 서식지가 파괴되고 있어요. 아주 멀리 떨어진 정글에서만 일어나는 일이 아니에요. 우리가 사는 친숙한 곳에서도 야생 서식지는 파괴되고 있어요. 골프장, 주차장, 공항처럼 사람들이 땅을 사용하는 곳이라면 어느 곳이든 야생 서식지는 파괴돼요. 농작물을 심는 밭도 새로 심은 농작물의 수분을 도울 것으로 기대한 곤충의 생존을 위협해요.

HIPPO의 둘째 글자 'I'는 침입종 Invasive species이라는 뜻이에요. 침입종은 서식지에서 처음부터 살던 생물이 아니라 다른 곳에서 들어온 생물이에요. 하와이는 우연히 들어왔거나 사람이 의도적으로 들여온 침입종 때문에 토종 식물과 새가 거의 멸종할 위기에 놓였어요. 토종 생물들은 다른 토종 생물에 맞서 싸울 전략이 있어요. 하지만 외래 침입종은 천적이 없을 수도 있어요. 침입종 벌이 토종벌을 죽이고, 침입종 균류가 토종 개구리를 죽이고, 침입종 모기가 토종 새를 죽이는 질병을 옮기는 등, 외래 침입종은 세계 곳곳에서 문제를 일으켜요.

HIPPO의 첫 번째 'P'는 오염Pollution을 의미해요. 다양한 오염이 다양한 생물을 파괴하고 있어요. 제대로 관리하지 못한 살충제와 독성 화학 물질은 곤충과 식물을 죽이고 사람에게도 해로운 작용을 해요.

HIPPO의 두 번째 'P'는 인구 증가Population growth를 뜻해요. 인구가 늘어나면 자연 서식지를 파괴하는 사람의 활동이 늘어날 뿐만 아니라 식량도 훨씬 많이 필요해요. 식량을 많이 생산하려면 농지를 더 많이 만들어야 해요. 그렇게 되면 산림과 습지, 목초지를 더 많이 파괴하겠죠. 인구 증가는 천적이 없는 생물종이 지나치게 많이 늘어나 다른 생물종을 위협하는 전형적인 예랍니다.

HIPPO의 마지막 글자 'O'는 남획Overharvesting을 뜻해요. 아메리카들소 무리를 파괴한 것처럼 지나친 사냥도 남획이라고 할 수 있어요. 물고기를 지나치게 많이 잡는 것도 남획이에요. 곤충도 남획에서 자유롭지 못해요. 곤충의 몸에서 나는 화학 물질 때문에 화학 분야나 의학 분야에서 사용하려고 곤충을 마구 잡아들이고 있어요. 나비나 딱정벌레처럼 상업적 이득을 얻으려고 잡아들이는 곤충도 있어요.

처음 열린 생물다양성 학회에서 윌슨은 "아직 대부분 밝혀내지도 못한 수많은 형태의 생물다양성은 지구 행성이 품은 가장 위대한 경이로움입니다. 생물권Biosphere은 여러 생명체가 한데 얽힌 복잡한 직물입니다"라고 했어요. 하지만 지금 우리는 그 직물의 여러 곳에 구멍을 내고 있죠. 생물다양성의 중심축인 곤충이 사라지면 전체 자연계의 생존이 위태로워질 수밖에 없어요.

HIPPO에는 빠진 글자가 하나 있어요. 기후 변화Climate change를 뜻하는 'C'예요. 곤충은 대부분 기후에 정말 민감해요. 지금 우리가 경험하는 기후 변화가 곤충이나 다른 자연계에 미치는 영향력을 정확하게는 말할 수 없어요. 1859년에는 지금과 같은 기후 변화를 예견하지 못했는데도 다윈은 한 국가에서 경험할 수 있는 기후 변화가 생물계에 미칠 영향을 언급하면서 이렇게 말했어요. "그 나라에서 서식하는 생물의 수는 그 즉시 변화할 테고, 멸종하는 종도 생길 것이다."

5. 매력적인 존재

　동물과 식물의 가장 큰 차이는 동물은 보통 활발하게 움직이지만 식물은 거의 움직이지 않는다는 거예요. 생각을 할 수 있는지 없는지와 상관없이 모든 생물에게 번식은 반드시 해내야 하는 중요한 과제랍니다. 동물의 암컷과 수컷은 번식이라는 무엇보다도 중요한 과제를 해내려고 정교한 의식과 행동 방식을 생각해 냈어요. 식물은 동물과는 다른 전략을 세웠어요. 바람에 씨를 실어 널리 날려 보내는 식물도 있고, 과일에 씨를 담아 동물이 먹게 해 씨를 퍼트리는 식물도 있어요. 과일을 먹은 동물이 먼 곳으로 가서 배설하게 하는 거예요. 씨가 다른 곳에 가서 새로운 식물로 자랄 준비를 끝내면 과일은 달콤한 육즙을 품고 맛있게 익죠. 그래야만 동물이 과일을 먹고 씨를 널리 퍼트려 줄 테니까요. 물론 과일을 먹는 새나 포유류가 식물의 번식을 걱정하기 때문에 과일을 먹는 건 아니에요. 그저 맛있으니까 먹는 거죠.

　그런데 씨를 보관하는 운반체인 과일은 어떻게 만들어지는 걸까요?

꽃 피는 식물은 현화식물 또는 속씨식물이라고 불러요. 현화식물이 씨를 만들려면 다른 생물계에 속하는 생물종과 복잡한 방식으로 협력해야 해요. 그런 협력을 수분受粉이라고 해요. 수분은 가루받이라고도 해요.

꽃가루는 남자 역할을 하는 꽃의 생식 물질이에요. 꽃은 노란 가루 같은 꽃가루를 멀리 퍼트려요. 가루이기 때문에 아주 멀리까지 날아갈 수 있어요. 식물의 꽃가루가 다른 식물 종의 꽃 위에 앉는다면 아무 소용이 없지만 같은 식물 종의 꽃 위에 앉는다면 꽃가루는 물을 흡수해 원래 크기로 커져요. 그래도 여전히 작지만, 가루보다는 훨씬 크답니다. 꽃가루가 여자 역할을 하는 꽃의 생식 기관암술에 올라앉으면 꽃은 수정되고 씨가 만들어져요.

꽃가루가 한 꽃에서 다른 꽃으로 이동하는 과정은 자연계의 위대한 경이로움이에요. 여러 생물계가 협동하는 근사한 예이기도 하고요. 수분은 식물의 꽃가루를 동물이 옮겨 주는 멋진 협동 작업이에요.

이 사실도 찰스 다윈이 발견했어요. 자연사학자였던 다윈은 동물처럼 식물도 낮은 단계에서 높은 단계로 진화했다는 사실을 발견했답니다. 그리고 특성이 조금씩 다른 개체들이 서로 교배해 변이가 생성되지 않았다면 그런 진화는 불가능하다고 추론했어요.

다윈은 자기 집 정원에 나가 땅에 누워서 한 그루의 꽃에서 얻은 꽃가루를 바늘에 묻혀 다른 그루의 꽃의 암술에 문질러 타가수정을 해 보았어요. 다윈이 수분 매개자가 된 거예요. 엉겅퀴와 탐침, 핀셋을 가지고 꽃을 이리저리 들여다보면서 꽃의 생식사를 공부했어요. 유명한 『종의 기원』을 출간하고 3년이 지난 1862년에 다윈은 이전과 똑같이 멋이라고는 전혀 없는 제목을 단 책을 한 권 발표했어요. 그 책의 제목은『곤충을 이용해 수분하는 외국 난과 영국 난의 다양한 계략과 상호교잡의 좋은 효과에 관하여』였어요.

난초의 색과 모양, 크기가 다양한 이유가 궁금했던 다윈은 난초의 생식 기관을 살펴보고, 난초는 저마다 다른 동물을 끌어들이려고 종마다 다르게 진화했다는 결론을 내렸어요. 다윈은 벌이나 나방, 나비, 파리 같은 다양한 곤충뿐만 아니라 거미 같은 동물도 난초의 수분을 돕는다는 사실을 알아냈어요. 난초의 생식 기관은 종마다 달랐어요. 곤충이 어떤 곳을 밀면 액체 꽃가루가 두 방울 떨어져 곤충의 몸 위에서 굳게 하는 생식 기관을 만드는 난초도 있고, 밤에 날아다니는 나방을 부르려고 강한 냄새를 풍기는 난초도 있어요. 낮에 날아다니는 나비를 수분 매개자로 쓰는 난초는 화려한 꽃잎을 만들었어요. 벌은 노란색과 파란색 꽃에 이끌렸지만, 나비는 빨간색과 자주색 꽃을 좋아했어요.

다윈은 곤충이 꽃을 떠날 때는 꽃가루를 몸에 붙이고 간다는 사실도 발견했어요. 꽃가루를 몸에 묻히기 때문에 수분 매개자는 자기 몸에 꽃가루를 묻힌 꽃에 그 꽃가루를 떨어뜨리거나 그 꽃이 피어 있는 식물의 다른 꽃에 떨어뜨리지 않고 멀리 날아가 다른 꽃에 수분을 할 수 있어요.

이런 이야기들을 알게 되었으니 이제 다시는 꽃을 예전과 같은 눈으로는 보지 못할 거예요. 꽃은 동물이 생식을 도울 수 있도록 식물이 만들어 낸 장치랍니다.

식물과 동물은 다양한 방식으로 서로에게 의지하지만 아름다울 뿐만 아니라 과일을 맺기 때문에 우리가 귀하게 여기는 현화식물과 곤충이 맺고 있는 관계만큼 중요한 협력 관계는 이 세상에 없어요. 현화식물은 곤충이 없으면 살아남을 수 없어요. 이 세상에는 단 한 종의 곤충에게 의지하는 식물도 있어요.

다양한 척추동물과 무척추동물이 꽃의 수분이라는 너무나도 중요한 임무를 수행해요. 포유류 중에서는 유일하게 하늘을 나는 박쥐와, 수많은 새가 꽃의 수분을 도와요. 특히 아주 작은 벌새는 특히 엄청난 역할을 하는 수분 매개자예요. 나비, 나방, 딱정벌레, 파리, 벌 같은 수많은 곤충도 꽃의 수분을 도와요.

수분을 돕게 하려고 꽃은 여러 재주를 부려서 동물이 자신을 찾아오게 해요. 매력적인 형태나 색 같은 멋진 모습으로 동물을 유혹하기도 하고, 정말로 맛있는 냄새를 풍겨서 동물이 찾아오게 하기도 하죠. 하지만 뭐니 뭐니 해도 꽃이 동물을 끌어들이는 데 사용하는 가장 큰 수단은 꿀이에요.

꽃이 동물을 유혹하려고 만드는 넥타Nectar는 단백질이 농축된 엄청나게 달콤한 물질이에요. 동물은 넥타를 좋아할 뿐만 아니라 넥타가 필요하기도 해요. 꿀벌은 넥타를 먹고 살아야 해요. 암컷인 일벌이 꿀벌의 집으로 넥타를 가져오면 꿀벌들은 넥타를 무리 전체가 먹을 꿀로 바꿔요. 박쥐는 넥타만 먹지 않아요. 꽃에서 찾은 수분 매개자인 곤충도 먹는답니다.

곤충이 꽃의 수분을 돕는 양은 다른 동물이 절대로 따라갈 수 없어요. 명확하게 확인할 수는 없다고 해도 지구에 사는 생물은 식물과 곤충이 가장 많을 거예요. 곤충은 4억 년도 전에 처음 지구에 나타났어요. 과학자들은 최근까지도 식물과 곤충이 비슷한 시기에 함께 지구에 나타났다고 생각했어요.

그러나 이제는 식물은 7억 년쯤 전에 처음 나타났다고 믿고 있어요. 식물은 13억 년쯤 전부터 지구에서 살았던 균류, 곰팡이, 효모의 세상에 새로 들어간 일원이었어요. 식물과 곤충은 공룡의 세계가 오기 훨씬 전부터, 새도 포유류도 없던 세상에서 함께 발달해 나갔어요. 4억 년 전의 세상에서도 꽃은 없었어요. 꽃은 비교적 최근이라고 할 수 있는 1억 3000만 년쯤 전에 생겨났죠.

다윈 덕분에 우리는 생물계가 연결되어 있음을 이해할 수 있게 되었어요. 생물계는 별개로 나누어진 무리가 아니며, 진화도 단독으로 일어나지 않아요. 다윈은 제대로 추적만 할 수 있다면 모든 유기체의 공동 조상을 찾을 수 있을 거라고 믿었어요. 어떤 생물계에 속해 있든지 조상을 찾아 거슬러 올라가면 모든 생물계가 갈라져 나온 유일한 유기체가 있으리라고 믿은 거예요. 그 공동 조상은 어쩌면 박테리아인지도 몰라요. 이 세상에 DNA가 존재한다는 사실이 알려진 뒤로 식물과 동물은 서로 밀접한 관계가 있다는 것이 밝혀졌어요. 식물과 동물의 DNA는 거의 70%가 같아요. 동식물이 다른 건 고작 30%의 DNA 때문이에요.

과학자들은 꽃이 먼저냐 수분 매개자가 먼저냐를 두고 논쟁을 벌이고 있어요. 가장 오래된 벌 화석은 8000만 년 전에 만들어졌고, 가장 오래된 꽃 화석은 1억 2000만 년 전에 만들어졌어요. 하지만 화석이 결정적인 증거는 아니에요. 아직 발견하지 못한 화석이 있을 수 있고, 더 오래전에 살았으나 화석으로 남지 않은 유기체가 있을 수도 있으니까요. 이제 과학자들은 벌이 처음 생각했던 것보다 훨씬 오래전인 1억 4000만 년쯤 전에 나타났을 수도 있다고 생각해요. 어쨌거나 다른 곤충들도 그 무렵에는 활동했으니까요. 가장 오래됐다고 알려진 꽃들은 모두 벌, 파리, 딱정벌레, 무는 나방, 총채벌레가 수분 매개자예요. 총채벌레는 식물을 먹는 곤충이라서 식물을 가꾸는 사람들은 해충이라고 생각하는 작은 곤충이에요. 스페인 북부 바스크산맥에서는 총채벌레가 최초의 수분 매개자일 수도 있음을 보여 주는 화석 증거를 발견했어요.

꽃이 생기고 수분을 하기 전부터 수백만 년 동안 곤충과 식물은 각자의 생존을 위해 서로 협력해 왔어요. 세상에서 가장 수가 많은 곤충 가운데 하나인 개미는 오래전부터 식물과 협력하면서 식물의 씨를 퍼트리고 토양을 비옥하게 만들었어요. 딱정벌레처럼 개미도 육식 곤충이에요. 식물을 먹는 초식 곤충 같은 다른 동물을 먹어요. 개미는 식물을 완전히 없애지 못하도록 초식 곤충의 수를 조절해요. 나무를 먹고 사는 딱정벌렛과科 곤충들과 흰개미 같은 곤충도 식물에게 도움을 줘요. 이런 곤충들은 죽은 식물을 귀중한 영양소로 바꿔 땅에 돌려주고, 식물은 뿌리로 그 영양소를 흡수해 살아가요.

수술은 꽃의 남자 부분이에요. 수술에 있는 꽃가루와 암술에 있는 밑씨가 합쳐지면 수정이 돼요. 꽃의 여자 부분인 암술 안에는 밑씨가 들어 있는 씨방이 있어요. 밑씨는 꽃의 알이라고 할 수 있어요. 수정된 밑씨는 씨로 자라요.

식물과 곤충은 공진화供進化했어요. 공진화란 두 생물종이 특별한 관계를 맺으며 함께 변화에 적응하도록 설계되었다는 뜻이에요. 거의 모든 식물에서 꽃을 이루는 구성성분은 같으나 수분 매개자에 따라 꽃의 구성성분은 다른 식으로 배열되어 있어요. 그저 가만히 서서 지나가는 모든 수분 매개자들에게 수분을 맡기는 꽃도 있어요. 하지만 특별한 수분 매개자들에게만 수분을 의지하는 꽃도 있어요. 그런 꽃들은 특별한 곤충 한 종만이 들어갈 수 있는 암술과 수술, 그리고 넥타 저장고를 만들어 두었어요.

수분 매개자 동물은 특별히 좋아하는 꽃의 형태와 크기, 모양과 색, 냄새가 있어요. 꽃들은 자신이 선택한 수분 매개자가 좋아하는 특성을 갖추는 쪽으로 진화했어요. 아마존에 있는 거대한 수련 Victoria amazonica은 넥타를 아주 많이 생산하지만 그 넥타를 먹을 수 있는 동물은 왕소똥구리 한 종뿐이에요. 벌은 냄새와 색으로 넥타를 모을 꽃을 선택해요. 벌이 좋아하는 냄새는 우리 사람과 같지만 벌은 적색 색맹이라 빨간 꽃에는 관심이 없어요. 벌은 노란색, 파란색, 청록색, 보라색 꽃을 좋아해요. 한편 나비는 사람보다 훨씬 많은 색을 볼 수 있어서 좋아하는 색도 아주 많아요.

19세기의 독일 시인 하인리히 하이네 1797~1856는 "나비는 장미와 깊은 사랑에 빠졌다"라고 썼어요.

완두는 분홍색과 흰색 꽃을 피워요. 완두꽃은 커다란 부채처럼 생긴 밝은 꽃잎이 위로 불쑥 튀어나와 있어요. 화려한 완두꽃은 현수막과 같은 역할을 해서 꿀을 찾아 돌아다니는 꿀벌에게 자신이 그곳에 있음을 알려요. 비행기 활주로 위에 비행기가 내려올 수 있도록 안내선이 그려진 것처럼 완두의 꽃잎 위에도 생식 기관이 어디에 있는지를 알려 주는 선이 그려져 있어요. 완두꽃에는 나비처럼 생긴 익판翼瓣이라는 꽃잎이 두 장 있는데, 이 익판은 위쪽에서 서로 겹쳐서 A자 모양 텐트처럼 생긴 보호막을 만들어요. 꿀벌은 꽃의 앞쪽에 있는 작은 꽃잎-용골판龍骨瓣-에 내려앉아요. 용골판은 꿀벌의 활주로라고 할 수 있어요. 용골판에 내려앉은 벌은 익판을 벌려서 넥타가 있는 곳으로 가요. 익판을 벌려서 넥타를 모으는 방법을 아는 곤충은 꿀벌밖에 없어요. 깍지완두는 꿀벌만을 위해 자신의 몸을 치장하고 있는 거예요.

그런 완두에게 꿀벌이 오지 않는다면 결국 완두는 모두 죽고 말 거예요. 꿀벌이 아니라면 그 누구도 완두를 도울 수 없어요. 꿀벌이 없다면 완두는 번식할 수 없어요. 다른 수분 매개자들은 완두의 수분을 돕겠다는 시도도 하지 않아요. 완두처럼 단 한 종의 동물에게만 수분을 의지하는 식물은 쉽게 멸종 위기에 처할 수 있어요. 현재 완두의 개체 수는 뚜렷하게 감소하고 있어요.

　꽃은 특정한 수분 매개자들과 협력하도록 진화했어요. 꽃이 엄청나게 다채로운 이유는 그 때문이죠. 오늘날 현화식물은 25만 종이 있다고 알려져 있어요. 정말 많은 수예요. 6500만 년 전에는 현화식물이 고작 2만 2000종이 있었다고 해요. 지난 5000만 년 동안 꽃은 고리 모양으로도 진화하고 관 모양으로도 진화하는 등 아주 복잡해졌어요. 그 이유는 벌새, 찌르레기, 박쥐, 주머니쥐, 도마뱀, 여우원숭이, 원숭이 같은 여러 척추동물이 수분 매개자가 되었기 때문이에요. 큰 영향력을 발휘하지는 못하지만 사람도 수분 매개자가 되었고요. 현재 이라크 북부에 있는 한 궁전에는 서기전 883년에서 859년 사이에 만든 돌이 있는데, 그 돌에는 사람이 암꽃에 꽃가루를 묻히는 모습이 새겨져 있어요. 지금도 이란, 이라크, 시리아, 이집트 일부 지역에서는 해마다 봄이 되면 사람이 대추야자 수꽃에서 꽃가루를 털어서 암꽃의 암술에 발라 줘요.

　동물마다 수분을 하는 방법이 모두 달라요. 수분 매개자는 대부분 암컷이지만, 모두 그런 것은 아니에요. 암컷 모기는 우리 주위를 날면서 우리 피를 빨고 짜증 나게 하지만, 부지런한 수컷 모기는 습지를 날아다니며 꽃의 수분을 도와요. 곤충 세계에서는 암컷이 훨씬 위험한 일을 하는 경우가 많아요. 딱정벌레가 꽃의 수분을 돕는 방법은 벌처럼 깔끔하지 않아요. 수분 파티라도 하는 것처럼 한 꽃에 엄청나게 많이 모여서 잎과 꽃잎을 마구 물어뜯고 꽃 위에 배설물을 잔뜩 남기는 딱정벌레도 있어요.

모기만큼이나 사람들에게는 인기가 없지만, 사실 파리도 아주 중요한 수분 매개자예요. 파리목에서 45개 파릿과 동물이 수분 매개자 역할을 해요. 곤충강 가운데 4개 목이 수분 매개자랍니다. 파리가 속한 파리목, 말벌과 벌이 속한 벌목, 딱정벌레가 속한 딱정벌레목, 나방과 나비가 속한 인시목이 그 네 목이에요.

현재 수분 매개자 곤충은 대부분 그 수가 너무나도 빠르게 줄어들고 있고, 서식지도 빠르게 사라지고 있어요. 수분 매개자를 필요로 하는 식물이 맺는 씨의 양은 줄어들고 있고요. 식물을 찾아오는 수분 매개자의 수가 줄어든다면 맺히는 씨의 양도 더욱 적어질 거예요.

수분 매개자 곤충이 줄어드는 지역에서는 식물의 수도 줄어들어요. 그런 곳에서는 수분 매개자를 끌어들일 꽃이 많이 필 수 없어요. 정찰병 꿀벌은 하늘 위에서 꽃이 많이 모여 있는 장소를 찾아다녀요. 충분히 많은 꽃이 모여 있지 않으면 정찰병 꿀벌은 꽃이 있는 곳을 지나쳐 버려요. 꿀벌이 찾아오지 않는 꽃밭에서는 결국 식물이 번식하지 못하고 사라져요. 식물이 사라져 버린다면 (사람을 비롯해) 식물의 과일이나 종자를 먹고 사는 많은 동물이 굶어 죽을지도 몰라요. 그렇게 되면 초식 동물을 먹고 사는 육식 동물은 어떻게 될까요?

대부분은 곤충인 수분 매개자가 사라진다면 현화식물은 생존하지 못할 거예요. 번식할 수 없으니까요. 그렇게 되면 당연히 이 세상에는 꽃도 없고 벌도 없게 될 거예요. 그런데 문제는 그보다 훨씬 심각하답니다. 우리 사람에게도 곡식과 과일은 필요해요. 우리에게 식량을 제공하는 식물의 80%는 수분을 해야만 열매를 맺을 수 있어요. 우리가 고기를 얻는 가축도 현화식물이 있어야만 기를 수 있어요. 식물이 없다면 고기도 유제품도 먹기 힘들 거예요. 사람이 먹는 식량의 3분의 1은 모두 식물의 수분에 의존하고 있어요. 먹는 음식만이 아니에요. 목화솜도 꿀벌이 있어야 딸 수 있어요.

 곤충이 사라지는 것은 식물에게도 재앙이지만 우리 인류에게도 아주 불행한 일이에요.

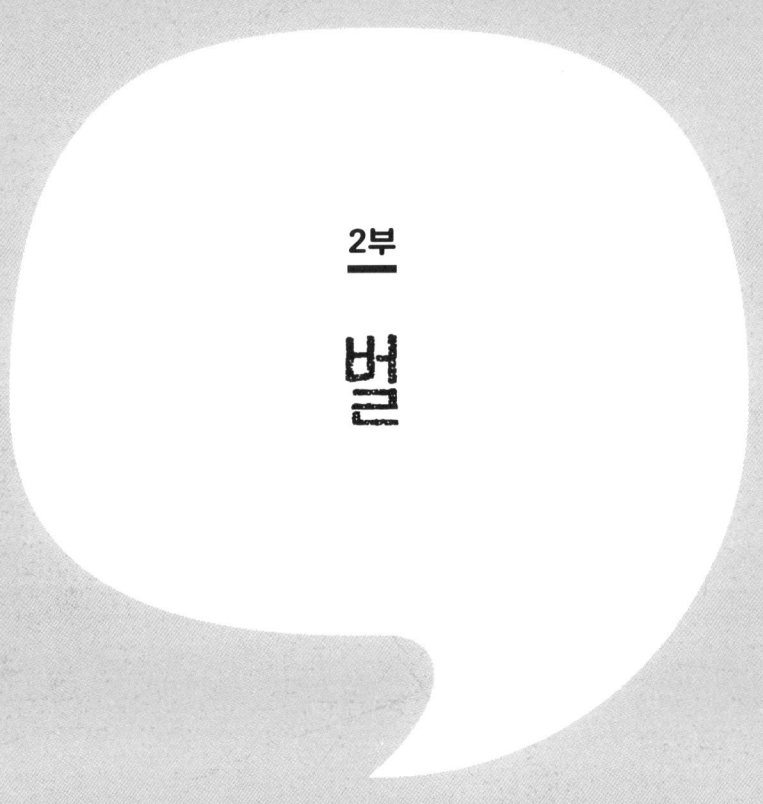

2부

벌

6. 침을 쏘는 곤충

많은 사람이 벌침을 두려워해요. 벌에 쏘이면 몇 분 동안 몹시 아플 수 있고, 알레르기가 있는 사람이라면 정말 큰일 날 수도 있어요. 드물지만 죽을 수도 있고요. 하지만 벌이 사람에게 위협이 되는 경우는 거의 없어요. 쏘는 침이 있는 꿀벌은 보통 넥타와 꽃가루를 모으는 일을 담당하는 암벌이에요. 수벌은 침이 없어요. 벌집에 있는 여왕벌도 침이 있으나 번식을 할 때 말고는 벌집을 떠나는 일이 없어요. 가끔 벌집에서 나오는 여왕벌은 한 가지 목표_{번식}만을 생각하지 우리 사람에게는 관심을 두지 않아요.

먹이를 찾아 나선 벌도 정찰을 하거나 꽃가루를 모으는 일에 집중하기 때문에 굳이 사람을 쏘겠다는 생각은 하지 않아요. 하지만 우리가 벌집 가까이 간다면 정찰병 벌이나 일벌은 본능적으로 벌집을 보호하려고 우리를 찌를 수 있어요. 꿀벌의 침에는 물고기가 물면 빠지지 않도록 하기 위해 낚시 끝의 안쪽에 만든 작은 갈고리인 미늘과 비슷하게 생긴 아주 작은 가시가 있답니다.

　꿀벌이 다른 곤충을 찌르면, 꿀벌의 침은 곤충의 몸으로 들어갔다가 다시 나올 거예요. 하지만 포유류를 침으로 찌르면 침에 나 있는 가시 때문에 침이 포유류의 두툼한 피부에 박히고 말아요. 포유류를 찌른 꿀벌이 멀리 날아가려고 할 때면 침이 포유류의 몸에 그대로 박혀 있기 때문에 꿀벌의 배 부분도 포유류의 몸 위에 상당히 많이 남게 돼요. 그 때문에 꿀벌은 죽고 말아요. 배가 분리되지 않아 죽지 않는다고 해도 그 꿀벌에게는 다시는 침이 생기지 않아요. 꿀벌이 포유류를 침으로 찌를 때면 심각하게 고민을 하고 결정을 내리는지, 아니면 침으로 찌른 뒤의 결과는 모르는 상태로 일단 찌르고 보는지는 아직 밝혀지지 않았어요.

　꿀벌의 몸에서 분리된 채 포유류의 피부에 박힌 침에서는 '봉독'이라고 하는 화학 물질이 계속 나와요. 봉독이 몸으로 들어가지 않게 하는 가장 좋은 방법은 되도록 빨리 벌침을 피부에서 빼내는 거예요. 침을 문지르거나 찰싹 때리거나 잡아당기면 더 많은 봉독이 나와서 고통만 심해져요. 꿀벌의 침을 뺄 때는 손톱을 독주머니와 침 사이에 넣고 피부 위로 살살 들어올려야 해요. 하지만 방법을 모르겠다면 그냥 두는 것이 좋아요. 몸 안으로 들어간 봉독은 양이 적다면 10분 정도 지나면 더는 고통스럽지 않아요.

　우리에게 침을 쏜다고 해도 우리는 꿀벌을 용서해요. 사람은 벌을 좋아하기 때문이에요. 검은색과 노란색 줄무늬가 있는 귀엽고 통통한 꿀벌은 꽃의 수분을 돕고 우리에게 꿀을 주어요. 우리에게 정말 큰 일을 해 주고 있어요. 꿀벌의 조직력에도 정말 감탄을 하게 돼요. 꿀벌 공동체를 꿀을 생산하는 공장이라고 생각하는 사람도 있어요. 꿀벌은 조직적이고 근면하며 생산적이에요. 꿀벌 공동체를 모든 구성원이 공동의 이익을 위해 열심히 일하는 협동조합이라고 여기는 사람도 있어요. 꿀벌 사회를 어떤 식으로 분류하건 꿀벌은 부지런하고 헌신적이며 유익한 동물임은 분명해요.

　미얀마에서 발견한 호박_{지질 시대 나무의 진 따위가 땅 속에 묻혀서 탄소, 수소, 산소 따위와 화합하여 굳어진 누런 광물—옮긴이}에는 가장 오래된 벌 화석이 들어 있었어요. 그 벌은 1억 년 전에 나무 수액에 빠져 죽었고, 그 뒤로 화석이 되었어요. 오늘날의 벌보다는 상당히 작은 그 고대 벌의 몸에는 꽃가루를 모을 털이 나 있어요. 한 가지, 아주 실망스러운 점은 이 고대 벌은 우리의 시선을 끌고 감탄을 자아내는 사회생활을 하는 벌이 아니라 단독 생활을 하는 벌이었다는 거예요. 처음 지구에 나타난 벌들은 모두 단독 생활을 했어요. 지금도 적은 비율이기는 하지만 조직적인 사회생활을 하지 않는 벌도 있어요. _{약 4000종의 벌이 단독 생활을 해요.}

　꿀벌을 처음 기르기 시작한 수천 년 전 사람들은 꿀벌 공동체를 군주제 사회라고 생각했어요. 효율적으로 운영되는 사회는 당연히 군주

인류는 벌을 2만 5000종 분류했고, 발견은 했으나 아직 분류하지 못한 종이 4만 종 정도 돼요. 벌은 말벌과 개미도 일원인 벌목 동물이에요. 현재 분류가 되어 학명이 붙은 벌목 동물은 11만 종이 넘어요. 생물학자들은 분류한 벌목 동물의 수는 전체 벌목에 비하면 극히 적을 거라고 생각해요. 전체 벌목 동물은 300만 종 정도일 거라고 추정하지만, 분명하게 단언할 수는 없어요. 이 글을 읽는 동안에도 알려지지 않은 벌목 동물이 한두 종은 멸종하고 있을지도 몰라요 2017년 유엔 발표에 따르면 8000종가량이 멸종 위기에 놓여 있다고 해요—옮긴이.

가 통치하는 국가라고 믿었기 때문이에요. 남자들은 성공한 사회는 남성이 통치하는 사회라고 생각했기 때문에 벌집의 여왕벌을 왕벌이라고 부르는 잘못을 저질렀답니다. 서기전 4세기에 살았던 현명한 그리스 철학자 아리스토텔레스조차도 우두머리 벌을 왕벌이라고 불렀어요. 한참 뒤에야 사람들은 왕벌이 사실은 암컷임을 알았고, 그 뒤로 여왕벌이라고 부르게 됐죠. 하지만 여왕벌이 하는 일은 나라를 통치하는 군주하고는 거리가 멀어요.

여왕벌이 하는 역할은 현명한 군주로서 꿀벌 공동체를 다스리는 것이 아니라 끊임없이 자손을 생산하는 일이에요. 수벌은 벌집 밖에서 여왕벌을 만나 짝짓기를 한 뒤에 곧바로 죽어요 짝짓기를 하지 않아도 죽지 않을 방법은 없어요. 겨울이 시작됐을 때도 벌집에 남아 있는 수벌이 있다면 일벌들이 벌집 밖으로 쫓아내 굶어 죽게 하니까요.

짝짓기를 한 여왕벌은 다시 벌집으로 돌아와요. 벌집은 방이라고 하는 밀납으로 만든 작은 칸으로 이루어져 있어요. 방은 보통 꿀을 저장하는 데 쓰지만 가을이 되면 가장 따뜻한 벌집 중심에 있는 빈방에 여왕벌이 수정된 알을 낳아요. 여왕벌은 방마다 한 개씩 알을 낳고, 일벌들은 계속 날갯짓을 해 육아방의 온도를 늘 36℃ 정도로 유지해요. 그 덕분에 추운 겨울에도 육아방은 아늑하고 따뜻해요.

수정된 알은 암벌로 자라고 수정되지 않은 벌은 수벌로 자라요. 수벌의 육아방은 암벌의 육아방보다 더 커야 해요. 일벌들은 벌집의 바깥쪽 가장자리에 수벌이 자랄 더 큰 육아방을 만들어요. 더 넓은 육아방의 수만큼만 수벌은 태어나요.

육아방에 있는 유충을 먹이거나 굶기는 결정은 일벌이 해요. 그러니까 벌집의 암수 비율을 결정하는 건 여왕벌이 아니라 암컷인 일벌들인 거예요. 여왕벌은 육아방을 채울 정도로 알을 낳은 뒤에는 다시 알을 낳기 전까지는 아무 일도 하지 않아요.

사람이 속한 척삭동물문과 곤충이 속한 절지동물문의 한 가지 차이점은 척삭동물문의 유체는 성체와 거의 비슷한 모습으로 태어나지만, 절지동물문의 유체는 성체와는 아주 다른 형태로 태어날 수도 있다는 거예요. 절지동물문은 성체와는 전혀 다르게 생긴 애벌레나 번데기 같은 유체의 형태로 시작해서 점차 성체의 모습으로 변해 가요. 그 과정을 변태變態라고 해요. 척삭동물문의 유체는 귀여운데 곤충의 유체는 귀엽지 않은 건 그 때문이에요.

벌의 알에서는 애벌레처럼 생긴 유충이 태어나요. 유충이 부화하면 일벌들은 3일 뒤에 로열젤리라고 하는 물질을 분비해 유충에게 먹여요. 또다시 3일이 지나면 일벌들은 유충에게 꽃가루와 꿀을 먹여요. 태어난 지 10일쯤 되면 육아방을 꽉 채울 정도로 커진 유충이 실(실크)을 분비해 번데기를 만들기 시작해요. 일벌은 번데기로 변한 유충이 있는 방의 입구를 밀랍으로 막아 버려요. 일주일 정도 지나면 완전히 자란 벌이 밀랍 뚜껑을 뚫고 밖으로 나와요.

여왕벌은 벌집에 사는 거의 모든 벌의 어머니예요. 벌집을 다스리지는 않지만 부지런히 수정을 하고 알을 낳아요. 여왕벌은 하루에 2000개 정도 알을 낳아요. 수정된 알에서 태어난 암벌은 가장 좋은 꽃을 찾아다니는 정찰벌로, 넥타를 모아 오는 일벌로, 벌집을 지키는 경비벌로, 벌집이 바이러스나 세균에 노출되지 않도록 깨끗하게 유지하는 청소벌로, 각자 특정한 역할을 맡아 살아가요. 암벌 가운데 일부는 여왕벌이 되려고 애쓰기도 해요. 하지만 한 벌집에는 여왕벌이 한 마리만 있어야 해요. 그 때문에 여왕벌이 되고자 하는 암벌들은 승자가 되어 일벌을 거느리고 독립해 새로운 벌집을 만들기 전까지는 기존 여왕벌과 싸워야 해요. 물론 기존 여왕벌이 일벌들을 데리고 새로운 벌집을 찾아 나서기도 해요. 새로운 벌집을 찾아야 한다는 명령이 내려오지 않는 한 일벌들은 여왕의 명령에 상관없이 자기 일을 하고, 여왕은 부지런히 알을 낳아요.

벌은 다양한 기술을 보유하고 있어요. 더듬이가 담당하는 후각은 아주 강력해요. 시각 처리 속도도 아주 빨라요. 뒤영벌은 그 어떤 동물보다도 빠른 속도로 색을 인지할 수 있어요. 과학자들은 뒤영벌이 사람보다 다섯 배는 빠르게 시각 정보를 인지할 수 있다고 추정해요. 뒤영벌이 감지한 빛 정보는 엄청나게 빠른 속도로 뇌에 전달돼요. 과학자들은 점멸융합률을 측정해 봤어요. 점멸융합률이란 개별적인 빛의 깜빡임이 연속적인 빛처럼 보이는 속도에 이르기 전까지 생명체가 빛을 개별 섬광으로 인식하는 횟수를 의미해요. 사람의 점멸융합률은 1초에 16회이지만 벌은 1초에 300회랍니다. 나무처럼 정지한 물체를 볼 때는 점멸융합률은 그다지 큰 의미가 없어요. 하지만 움직이는 물체를 보거나 자신이 직접 움직이고 있을 때는 점멸융합률이 높으면 엄청나게 큰 도움이 돼요.

야구 시합을 할 때 투수가 던질 공을 미리 알고 있다면 타자는 상당히 유리할 거예요. 뒤영벌의 시각을 가진 타자는 그 어떤 투수도 막을 수 없어요. 날아오는 공의 모든 회전을 빠짐없이 볼 수 있을 테니까요. 시속 150㎞의 속도로 날아오는 공도 느린 화면처럼 아주 천천히 날아오는 것처럼 보일 거예요. 날아오는 공이 왼쪽으로 꺾이건 오른쪽으로 꺾이건, 위로 올라가건 밑으로 내려가건 타자의 겹눈을 이루는 작은 낱눈들이 그 모든 움직임을 감지할 테니 공을 놓치는 법은 없을 거예요.

일벌은 4500개나 되는 낱눈으로 이루어진 겹눈이 있어서 움직임을 아주 민감하게 감지할 수 있어요. 여왕벌의 낱눈은 일벌보다는 1000개 정도 적어요. 다른 수벌이 여왕벌을 찾기 전에 부지런히 짝짓기할 여왕벌을 찾아다니는 수벌은 여왕벌보다 3000개 정도 낱눈이 더 많아요. 하지만 벌은 물체의 모습을 상세하게는 볼 수 없어요. 곤충은 타일로 만든 모자이크처럼 색은 강렬하지만 모습은 뿌연 상태로 이 세상을 봐요. 곤충이 보는 전체 모습은 너무나도 빠르게 변한답니다.

  빠르게 주위를 볼 수 있는 시각 덕분에 벌은 벌집으로 돌아갈 때 참고할 수 있는 주변 지형을 재빨리 기억할 수 있을 뿐 아니라 점찍어 두었던 꽃이 있는 곳으로 정확하게 다시 날아갈 수 있어요. 벌은 꽃을 그저 보는 것이 아니라 꽃의 구조도 정확히 확인할 수 있어요. 자외선을 볼 수 있기 때문에 꽃의 어느 부분에 내려앉아야 하는지, 어디를 따라가야 넥타를 얻을 수 있는지를 알려 주는 선과 점, 꽃의 색을 인지해요. 재빨리 지나쳐 가면서도 벌은 우리가 가만히 서서 자세히 들여다보는 것보다 훨씬 세세하게 꽃의 모양과 색을 파악할 수 있답니다.

7. 허니, 나 왔어!

　당연히 생물종은 저마다 자기 종만을 생각할 뿐이에요. 곤충은 식물을 위해 꽃가루를 모으고 수분을 도와야겠다는 마음을 먹거나 계획을 세우지는 않아요. 한 종이 다른 종을 돕는 상황은 보통 자기 자신을 위해 무언가를 하다가 우연히 그렇게 됐을 가능성이 커요. 곤충이 아주 깔끔한 동물이었다면 꽃으로 날아가도 꽃가루는 건드리지 않고 넥타만 모아 올 거예요. 하지만 식물은 곤충이 꽃가루를 건드리지 않으면 넥타를 가져갈 수 없도록 교묘한 장치를 마련해 두었어요. 결국 수분 매개자는 온몸으로 꽃가루 속으로 뛰어들어야만 넥타를 가져갈 수 있어요.

　꿀벌이 특히 좋은 수분 매개자인 이유는 그 때문이에요. 넥타를 모을 때는 그 통통하고 털 많은 몸에 꽃가루를 묻히지 않을 방법이 전혀 없어요. 꽃가루는 꿀벌의 온몸에 달라붙어요. 꿀벌은 몸에 달라붙은 꽃가루를 떼어 내려고 애쓸 테지만 등 한가운데나 머리 꼭대기, 눈과 눈 사이

같은 곳은 아무리 노력해도 떼어낼 수 없을 거예요. 꽃가루를 몸에 묻힌 꿀벌은 다른 꽃으로 날아가 온몸을 흔들면서 달콤한 넥타가 있는 곳으로 가려고 꽃잎을 젖히고 꽃 속으로 파고들어요. 그때 분명히 자신도 모르게 그 꽃의 암술에 꽃가루를 묻힐 수밖에 없어요. 암술머리에 꽃가루가 묻으면 밑씨가 수정되고 씨가 맺힐 수 있어요.

푸들과 코커스패니얼을 교배하면 코카푸라는 개가 태어나요. 품종은 다르지만 푸들과 코커스패니얼은 같은 종이기 때문에 가능한 일이에요. 하지만 푸들과 고양이를 교배해 키티푸를 낳을 수는 없어요. 종이나 속이 다른 생물은 서로 수정되지 않으니까요. 따라서 수분 매개자가 양봉꿀벌은 11종이 알려져 있는데, 모두 유럽과 아시아에서 서식하고 있어요. 그런데 양봉꿀벌은 종마다 아주 달라요. 동양꿀벌_{Apis dorsata}은 몸길이가 2.5cm는 될 정도로 아주 커요. 유럽꿀벌은 서양꿀벌이라고도 불러요. 유럽꿀벌도 아주 작은 벌은 아니지만 동양꿀벌에 비하면 절반 크기밖에 되지 않아요. 아메리카 대륙이 고향인 꿀벌은 한 종도 없어요.

몸에 묻은 꽃가루를 다른 종이나 다른 속의 꽃에 묻히면 수정은 되지 않아요.

꿀벌은 꽃의 수정에는 조금도 관심이 없어요. 현화식물을 번식시키려는 의도가 꿀벌에게는 전혀 없어요. 꿀벌은 그저 넥타를 모으려는 것뿐이지만 현화식물에게는 다행스럽게도 꿀벌은 자신이 모을 넥타를 아주 깐깐하게 골라요.

양봉꿀벌*Apis mellifera*은 유럽꿀벌이라고도 해요. 양봉꿀벌은 이 세상에서 가장 유명한 꿀벌인데, 아주 근면하게 넥타를 모으는 일꾼이라고 알려져 있어요. 그러니까 꿀도 아주 많이 만들어요. 벌집 한 곳만 해도 1년 동안 양봉꿀벌이 넥타를 모으려고 돌아다니는 꽃은 5억 개에 이르러요.

사람은 아주 오랫동안 벌집에서 꿀을 훔쳤어요. 꿀만 훔친 게 아니에요. 사람은 꿀벌이 벌집을 만들 때 사용하는 밀랍도 쓸모가 있다는 사실을 알았어요. 수 세기 동안 밀랍은 우리가 쓰는 유일한 왁스였어요.

사람은 밀랍으로 양초를 만들거나, 밀랍을 편지 봉투를 봉할 때 쓰는 실링 왁스로 사용했어요. 심지어 고대 이집트인도 미라를 밀봉할 때 밀랍을 썼어요. 지금은 밀랍을 대신할 훨씬 값싼 왁스가 나와 있으나 산업계는 아직도 여러 곳에서 밀랍을 써요.

짐바브웨와 남아프리카 공화국에는 사람이 아직 농사짓는 법을 몰랐던 수렵채집인 시절에 바위에 남긴 그림이 있어요. 그런 그림 중에는 사람이 벌집 밖에서 연기를 피워 꿀벌을 쫓아내고 꿀을 따는 그림이 있답니다. 이 방법은 지금도 사용되고 있어요.

스페인 북부에서 발견된 1만 년 전 바위 그림에는 훨씬 조악한 방법으로 꿀을 모으는 사람들 그림이 있어요. 그림에서 벌꿀을 모으는 사람은 나무 위로 올라가서 그저 벌집 안으로 한 손을 쓱 집어넣어요. 벌집을 보호하려는 꿀벌이 본능적으로 침을 쏜다는 사실을 생각해 보면 꿀을 따는 일은 분명히 괴롭고 고통스러운 임무였을 거예요.

그보다는 아프리카에서 사용한 연기를 피우는 방법이 훨씬 효과가 좋았을 거예요. 연기를 맡은 꿀벌은 훨씬 순해지고 차분해져요. 왜 그런지는 아직 아무도 몰라요. 숲에 불이 났을 때 침착해야 하기 때문에 습득한 본능이라고 추론하는 사람도 있고, 연기 때문에 산소가 부족해져서 꿀벌의 활동성이 떨어지기 때문이라고 생각하는 사람도 있어요.

유럽에서는 수 세기 동안 잘 익은 과일과 꿀만이 단맛을 제공해 주는 유일한 식량 자원이었어요. 서기전 510년에 인도를 침략한 페르시아 사람들은 인도에서 설탕을 만드는 사탕수수를 발견하고 '꿀벌이 없어도 꿀을 주는 갈대'라고 불렀답니다. 하지만 유럽인은 대부분 13세기나 14세기가 되기 전까지는 설탕을 본 적이 없어요. 그래서 꿀과 꿀을 주는 작은 양봉꿀벌이 너무나도 소중한 식량 자원이었어요. 유럽인들은 꿀을 발효해 벌꿀술이라는 맥주와 비슷한 알코올음료도 만들었어요. 벌꿀술은 고대 이집트에서도 마셨고, 그리스와 로마에서도 마셨어요. 로마에서는 이제 막 결혼한 부부는 한 달 동안 벌꿀술을 마시면서 축복받은 결혼 생활을 할 수 있게 해 달라고 빌었어요. 신혼 기간을 뜻하는 허니문 Honeymoon 은 '꿀을 먹는 한 달'이라는 뜻에서 온 단어예요.

　꿀벌은 우리를 위해 밀랍과 꿀을 만들지 않아요. 밀랍은 벌집을 만드는 재료이고, 꿀은 단백질이 풍부한 꿀벌의 식량이에요. 하지만 사람은 꿀벌이 노동해서 얻은 결과물을 원해요. 그래서 사람들은 양봉꿀벌을 북아메리카 대륙을 비롯한 세계 곳곳으로 옮겨 갔어요. 북아메리카 대륙으로 옮겨 간 꿀벌 수십억 마리는 새롭고도 다양한 기후에 다시 적응해야 했죠. 북아메리카 대륙으로 옮겨 간 꿀벌은 3세기 정도 뒤에는 북아메리카 토종벌과 말벌 같은 경쟁자를 이기고 크게 번성했어요. 양봉꿀벌은 엄청나게 효율적인 넥타 채집가들이라서 식량을 충분히 확보해 강해지고, 엄청나게 많은 꽃가루를 퍼트리는 위대한 수분 매개자도 될 수 있었기 때문이에요.

　양봉꿀벌은 결코 뒤를 돌아보지 않는 외래 도입종이에요. 의도치 않게 낯선 곳으로 옮겨 왔지만 멋지게 살아남았어요. 사람과 자연계 모두 옮겨 간 곳의 토종벌보다는 양봉꿀벌을 더 선호하는 것처럼 보여요.

8. 꿀벌 대소동

자연계에는 승자와 패자가 있어요. 패자는 멸종하고 패자의 유전자는 사라져요. 그런 일이 발생하지 않도록 살아 있는 유기체는 모두 최선을 다해 생존 경쟁을 벌이도록 프로그램되어 있죠.

양봉꿀벌은 1622년에 유럽에서 북아메리카 대륙으로 갔어요. 새로 이주한 곳에서도 양봉 산업을 하고 싶은 사람들이 있었기 때문이에요. 그전까지는 꿀벌을 전혀 보지 못했던 아메리카 원주민들은 꿀벌을 '백인의 파리'라고 불렀어요. 그때 북아메리카 대륙에는 토종 수분 매개자가 5000종 정도 있었으나 양봉꿀벌은 경쟁자들을 물리치고 아주 빠르게 야생에서 번식했어요. 그래서 양봉꿀벌을 '야생종 집단 Feral population. 가축화된 동물의 자손이지만 야생에서 살아가는 개체군으로, 원래 서식지가 아닌 다른 서식지에 도입된 뒤 토종 생물종을 이기고 야생화한 동식물을 가리키는 용어—옮긴이'이라고 불러요. 1859년부터 1922년까지 사람들은 북아메리카 대륙에 양봉꿀벌 일곱 아종을 더 데리고 들어갔어요. 하지만 네 아종은 북아메리카 대륙에 정착하지 못했고, 질병 때문에 야생종 집단의 크기도 크게 줄어들었어요. 결국 지금은 (1622년에 처음 북아메리카 대륙에 들어온 첫 번째 양봉꿀벌과는 상관이 없는) 세 양봉꿀벌 아종의 후손이 살아남아서 북아메리카 대륙의 주요 수분 매개자로 활동하고 있어요.

하지만 일인자의 자리는 지키기가 쉽지 않아요. 1956년에는 아프리카 대륙 남부에 서식하는 꿀벌을 브라질로 데려왔어요. 이 아프리카 대륙 꿀벌들은 브라질에 있던 양봉꿀벌보다 훨씬 활발했어요. 먼저 브라질에 들어와 있던 양봉꿀벌은 아프리카 양봉꿀벌과 교배했고, 그 결과 질병과 진드기에 훨씬 강한 새로운 꿀벌이 태어났어요. 이 새로운 꿀벌은 아프리카 남부에서 온 꿀벌에서 태어났기 때문에 아프리카화 벌 또는 신열대아프리카 벌이라고 불렀어요. 그런데 이 잡종 꿀벌은 공격성이 너무 강해서 점차 '살인벌'이라고 불리게 돼요. 살인벌은 침을 쏠 가능성이 훨씬 높을 뿐 아니라 양봉가나 동물에게 집단으로 달려들어 죽을 때까지 침을 쏘기도 했어요. 그렇다고 살인벌이 몸집이 아주 크다거나 강력한 독이 있는 건 아니에요. 오히려 그 반대였어요. 아프리카화 벌은 크기가 작아서 만드는 독도 적어요. 하지만 주저 없이 침을 쏘는 데다 벌집을 지키겠다는 본능도 강해서 한꺼번에 많은 개체가 침입자를 향해 달려들어요. 몸무게 500g당 꿀벌 침을 10개 정도를 맞아도 사람은 살 수 있어요. 따라서 꿀벌 때문에 사람이 죽는 경우는 많지 않아요. 그래도 이 공격적인 살인벌 때문에 지금까지 수백 명이 목숨을 잃었어요.

넓은 지역을 돌아다니고 만나는 사람마다 죽이는 벌 떼라는 이미지는 과학 소설과 공포 영화에서 지나치게 과장된 모습을 보여 주었기 때문에 생겼어요. 〈포악한 벌 The Savage Bees〉(1976), 〈하늘에서 온 공포 Terror Out of the Sky〉(1978), 〈벌 떼 The Swarm〉(1978) 같은 살인벌을 다룬 저예산 영화는 아주 많아요. 그런 저예산 영화를 B급 영화라고 불러요. 아프리카화 벌은 북쪽으로 진출했지만 많은 양봉가가 이 꿀벌과는 함께 일하기를 꺼려서 결국 꿀 생산량은 줄어들었어요. 하지만 이 꿀벌과 함께 일하는 법을 터득한 새로운 양봉가들이 나타나자 꿀 생산량은 회복됐죠. 아메리카 대륙 전역에서는 아프리카화 벌들이 점차 순한 유럽 양봉꿀벌을 몰아내고 우세종이 되었어요.

서로 경쟁하는 벌들은 모두 자기 무리를 위해 고군분투하는 사회적 동물이에요. 자기 자신의 이익과 무리의 이익 사이에서 갈등하는 개체는 비교적 최근에 등장한 진화의 결과로, 생물학자들은 이 세상에 그런 생물종은 많지 않을 거라고 생각해요. 사람이 바로 그런 갈등을 하는 생물종이에요. 진화에 끔찍한 문제가 생기지 않았다면 사회적 동물인 사람은 당연히 자신의 무리를 보호하려는 충동을 느껴야 해요. 또한 사람은 개별 개체로서의 자신을 보호하고자 하는 욕구가 엄청나게 강하고 자신의 번영을 위해 애쓰는 존재예요. 하지만 미래의 인류에게 위협이 되는데도 내가 기름을 팔아서 돈을 버는 게 옳은 일일까를 고민하는 존재이기도 해요. 벌에게는 그런 내부 갈등이 없어요. 벌은 윤리적인 이유로 어떤 일을 해야 한다거나 하지 말아야 한다는 고민을 하지 않아요. 벌은 모두 자기 무리에 도움이 되는 일만 해요. 한 개체로서의 자신의 생명이나 미래를 걱정하지 않아요. 벌이 걱정하는 건 자기 무리의 생존과 번영뿐이에요.

9. 꿀벌은 왜 춤을 출까요?

　꿀벌 사회는 규율이 아주 엄격해요. 벌집 구성원은 저마다 할 일이 있어요. 어떤 벌은 정찰을 하고, 어떤 벌은 넥타를 모아요. 먹이를 찾는 벌, 벌집을 지키는 벌, 벌집을 청소하는 벌, 모두 저마다 맡은 역할이 있어요. 모두 암컷인 일벌들은 헌신적으로 자기 일을 해내요. 다른 곤충과 달리 꿀벌은 넥타를 먹으려고만 모으는 것이 아니기 때문에 꿀벌의 뒷다리에는 갈퀴나 솔, 바구니처럼 생긴 구조물이 있어요. 꿀벌은 벌집에서 사용하려고 꽃가루를 모아 와요. 수분에 사용하지 않은 꽃가루를 다리에 묻혀 벌집으로 오죠. 자기 털로 만든 앞치마에 꽃가루를 담아 오는 꿀벌도 있어요. 꿀벌의 배에 있는 이 앞치마는 찍찍이처럼 작용해요. 그래서 꿀벌은 꽃가루를 아주 많이 모아 올 수 있어요. 꿀벌이 모은 꽃가루 가운데 일부는 꽃을 수분하는 데 쓰이지만, 꿀벌이 꽃가루를 모으는 이유는 꽃의 수분 때문이 아니에요. 꿀벌은 그저 자기 무리가 먹을 음식을 모으는 것뿐이에요.

　꿀벌을 관찰하다 보면 먹이를 채집하는 꿀벌들이 한꺼번에 단체로 정찰병이 찾은 꽃밭을 향해 날아가는 모습을 볼 수 있어요. 꿀벌들은 어떻게 다른 꿀벌이 찾은 꽃의 위치를 알 수 있을까요? 수 세기 동안 이 문제는 엄청난 수수께끼로 남아 있었어요. 꿀벌들은 수 킬로미터가 넘는 먼 거리를 똑바로 날아서 꽃이 있는 곳으로 가요. 그곳에 가면 분명히 꽃이 있다는 걸 아는 것처럼요. 꽃밭에서 적당한 꽃을 찾으려고 서성이지 않고 바로 그 꽃을 향해 날아왔다는 듯이 곧바로 한 꽃을 향해 날아가요. 꿀벌들에게 꽃의 위치를 알려 준 존재가 있는 것이 분명했지만, 우리가 꽃의 위치를 누가 어떤 방법으로 꿀벌들에게 알려 주는지를 알아내는 데는 몇백 년이라는 시간이 필요했어요.

　꿀벌들 대부분에게 넥타를 모으는 일은 무리 전체가 관여하는 프로젝트랍니다. 넥타를 모으려고 꿀벌들은 꿀벌다운 방식으로 서로 의논하고 계획을 짜고 실행에 옮겨요. 당연히 꿀벌들은 사람처럼 언어로 대화하지는 않아요. 하지만 고도로 사회화된 꿀벌들은 다양한 방식으로 무리 내 구성원들과 소통을 해요. 더듬이를 여러 방식으로 움직여 정보를 전달하기도 하고, 각기 다른 냄새가 나는 물질을 방출해 정보를 전하기도 해요. 춤을 이용한 의사소통 방식도 있어요. 꿀벌속 *Apis* 벌들에게 춤은 가장 중요한 의사소통 방식이에요.

　꿀벌을 유심히 관찰한 아리스토텔레스는 넥타가 있는 곳을 정확하게 알려 주는 지도자 벌이 있는 게 분명하다는 결론을 내렸어요. 아주 오랫동안 사람들은 아리스토텔레스의 말이 옳다고 생각했어요. 하지만 이 추측은 틀렸어요. 꿀벌들이 곧바로 넥타를 향해 날아갈 수 있는 진짜 이유는 1919년에 오스트리아 과학자 카를 폰 프리슈 1886~1982가 밝혔어요.

　지금은 꿀벌 연구가 인기를 얻고 있는데, 어느 정도는 폰 프리슈 덕분이기도 해요. 하지만 20세기 초에는 꿀벌을 연구하는 과학자가 거의 없었어요. 폰 프리슈가 관찰해 보니 꿀벌에게는 이상한 점이 있었어요. 먹이를 모으는 일벌이라고 해서 모두 같은 일을 하는 건 아니었어요. 일벌 가운데는 제일 먼저 밖으로 나가 영토를 살펴보는 정찰병이 있었던 거예요. 폰 프리슈는 벌집으로 정찰병이 돌아오면 다른 채집 일벌들이 벌집 입구에 있는 넓은 공간에서 정찰병 주위를 빙 둘러싸는 모습을 관찰했어요. 그 모습은 마치 정찰병 꿀벌이 일벌들에게 일장 연설을 하는 것처럼 보였어요. 실제로도 정찰병은 연설을 하는 거였어요. 정찰병은 말이나 소리가 아니라 몸으로 말했어요. 정찰병 꿀벌은 춤을 추면서 자신이 넥타가 많은 꽃밭을 어디에서 찾았는지를 동료들에게 정확하게 알려 주었어요. 폰 프리슈는 1.3㎝밖에 되지 않는 작은 꿀벌이 10㎞가 넘는 먼 길을 날아가 넥타가 있는 꽃을 찾으면 다시 꽃을 찾을 수 있는 중요한 단서들인 꽃이 있는 곳의 방향과 고도, 지나온 길의 지형들을 파악하면서 벌집으로 돌아온다는 사실을 발견했어요.

　폰 프리슈는 꿀벌이 추는 춤을 모두 알아냈어요. 꿀벌은 원형 춤, 꼬리 흔들기 춤, 밀치고 나가기 춤, 경련 춤, 낫 모양 춤, 몸단장 춤, 재빨리 움직이기 춤, 온몸을 떠는 춤을 추었어요. 폰 프리슈는 춤의 형태를 가지고 꿀벌의 춤을 분류했어요. 꿀벌의 춤은 춤마다 다른 정보를 담고 있어요.

원형 춤

원형 춤은 벌집의 방 한 개만 한 크기로 작은 원을 그리며 달리듯이 빠르게 원을 그리며 추는 춤이에요. 움직이는 방향을 완전히 바꾸기 전까지 여러 번 원을 그리며 돌아요. 방향은 두 번 바꿀 수도 있지만, 보통은 20번 정도 바꿔 가며 춤을 춰요.

원형 춤이 끝나면 정찰병 꿀벌은 잠시 휴식 시간을 가져요. 폰 프리슈는 이 시간을 '휴식 시간'이라고는 말하지 않았지만, 잠시 춤을 멈춘 정찰병 꿀벌은 모든 채집 꿀벌이 먹을 수 있는 꿀을 나누어 준 뒤에 다시 춤을 추기 시작해요. 빙글빙글 돌다가 음식을 줌으로써 모든 동료가 자신에게 주목하게 하는 거지요. 정찰병 꿀벌이 일벌의 옆을 스치듯 지나가면 일벌은 더듬이를 아래로 집어넣고 정찰병 꿀벌의 행동을 흉내 내면서 같이 돌기 시작해요. 그 모습은 마치 무용 교실이 열린 것만 같아요. 정찰병 꿀벌이 방향을 바꿔 가며 추던 원형 춤을 끝내면 채집 꿀벌들은 방금 정보를 얻은 감미로운 꽃을 향해 날아가기 시작해요.

폰 프리슈는 원형 춤은 고작 100m쯤 떨어진 곳에 있는 꽃의 정보를 전달하는 방법이라고 생각했어요. 하지만 충분히 노력할 가치가 있는 꽃이 있다면 꿀벌은 그보다 훨씬 멀리 날아가기도 해요.

꼬리 흔들기 춤

먼 곳에 있는 꽃의 위치를 알릴 때는 정찰병 꿀벌이 꼬리 흔들기 춤을 춰요. 정찰병 꿀벌은 엄청나게 빠른 속도로 앞으로 쭉 나갔다가 반원을 그리면서 처음 출발했던 곳으로 돌아오고, 다시 앞으로 쭉 나갔다 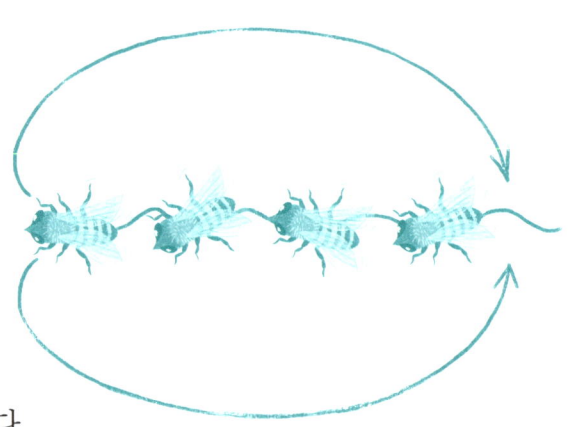 가 반대쪽으로 반원을 그리며 처음 출발한 곳으로 돌아와요. 이 행동을 여러 번 거듭하는 거예요. 꼬리 흔들기 춤을 출 때는 배의 끝부분을 흔들지만 머리는 움직이지 않아요. 폰 프리슈는 꼬리 흔들기 춤을 궁둥이 흔들기 춤이라고 불렀어요. 폰 프리슈는 정찰병 꿀벌이 1초에 열세 번에서 열다섯 번 정도 꼬리를 흔든다는 걸 알았어요. 윙윙거리는 소리가 나는 횟수를 세어 봤기 때문이에요.

꼬리 흔들기 춤은 동료들을 엄청 신나게 해요. 부끄러움이 많은 꿀벌은 원 밖에 머물지만, 적극적인 꿀벌들은 정찰병 꿀벌을 따라 신나게 복부 끝을 흔들면서 빙글빙글 원을 돌아요.

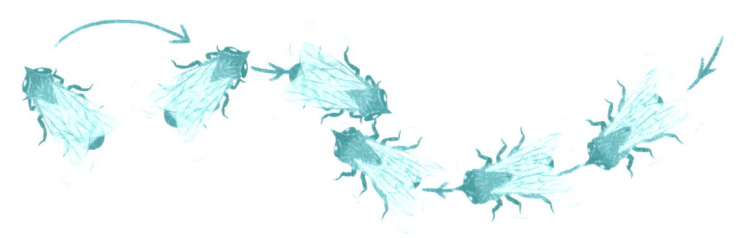

밀치고 나가기 춤

밀치고 나가기 춤은 임무를 성공적으로 끝낸 것을 축하하는 춤이에요. 정찰병 꿀벌은 동료 채집 꿀벌들 사이를 뚫고 달려가면서 자기 몸을 동료의 몸에 부딪쳐요. 몸단장 춤이라고도 하는 흔들기 춤은 다른 일벌들이 정찰병 꿀벌의 몸에 붙어 있는 꽃가루나 먼지를 떼어 줄 때 춥니다.

꿀벌의 춤은 중요한 정보를 전달하는 언어라고 할 수 있어요. 벌집마다 꿀벌이 추는 춤은 아주 다양해요. 벌집마다 조금씩 다른 춤을 춘다는 건 꿀벌에게는 춤 언어의 '사투리'가 있다는 뜻이에요.

꿀벌은 꽃의 크기, 모양, 색, 꽃이 있는 정확한 위치 같은 꽃에 관한 정보를 가지고 엄청나게 먼 거리를 이동할 수 있어요. 꿀벌이 거리를 정확하게 측정할 수 있는 이유는 알려져 있지 않아요. 분명히 비행시간으로 판단하는 건 아니에요. 비행시간은 바람의 세기에 따라서 얼마든지 길어질 수도 있고 짧아질 수도 있으니까요. 꿀벌은 비행시간에 상관없이 목표물의 위치를 정확하게 찾을 수 있어요. 꿀벌이 벌집으로 돌아오는 동안 춤을 통해 배운 커다란 나무나 건물을 기억해 거리를 가늠한다는 사실은 알려져 있어요.

폰 프리슈가 꿀벌에 관해 알아낸 환상적인 발견은 당연히 놀라움과 비판이라는 두 가지 상반된 반응을 불러일으켰어요. 과학은 늘 그런 식으로 작동합니다. 과학자들은 모든 일에 의심을 품으라고 배웠어요. 과학이 발견한 위대한 생각들은 늘 그 생각이 틀렸다고 말하는 다른 과학자들의 반대에 부딪혀야 했죠. 다윈이 진화론을 발표했을 때도, 파스퇴르가 세균 유래설을 발표했을 때도, 아인슈타인이 상대성 이론을 발표했을 때도 마찬가지였어요. 그러나 의심하던 과학자들이 아주 강력한 지지자가 되는 일이 과학계에서는 자주 있어요. 새로운 생각이 틀렸음을 입증하려고 꼼꼼하게 점검해 보는 동안 그 생각이 옳았다는 사실을 알게 될 뿐 아니라 그 생각을 훨씬 더 잘 이해하게 되기 때문이에요. 폰 프리슈의 춤 추는 꿀벌이라는 생각도, 이를 지지하는 사람들이 생겨났어요.

1960년대에 캘리포니아에서 활동한 두 과학자, 에이드리언 웨너 1962~93와 패트릭 웰스는 폰 프리슈의 발견을 믿을 수가 없었어요. 그래서 폰 프리슈가 틀렸음을 입증하려고 여러 실험을 했어요. 하지만 결국 두 사람은 폰 프리슈가 옳았음을 확인했고, 그 과정에서 꿀벌의 춤에 관해 더 많은 것을 알게 됐어요. 카를 폰 프리슈는 꿀벌의 춤을 연구한 공로로 1973년에 노벨 생리의학상을 받았어요.

폰 프리슈의 제자인 마르틴 린다우어 1918~2008 같은 사람이 폰 프리슈의 뒤를 이어 계속 꿀벌을 연구했어요. 하지만 우리는 아직도 꿀벌의 행동에 관해 모르는 것이 많아요. 어째서 넥타를 모으는 임무가 실패할 때도 있는 걸까요? 정찰병 꿀벌의 정보가 부족했던 걸까요, 다른 일벌들이 제대로 정보를 받아들이지 않은 걸까요? 어째서 말벌은 공동생활을 하면서도 춤 언어를 만들지 않았을까요? 벌집에 있는 꿀벌들은 모두 춤을 추는 실력이 같을까요, 아니면 사람처럼 다른 개체보다 춤에 더 소질이 있는 꿀벌이 있는 걸까요? 춤을 추는 정찰병 꿀벌은 재능 때문에 선택되는 걸까요, 아니면 태어날 때부터 정찰병이 되라는 선택을 받는 걸까요?

곤충의 세계에서 꿀벌은 정말 영리한 동물이에요. 수많은 과학자가 이 작은 동물이 얼마나 정교하고 영리하며 재능이 풍부한지를 밝혔죠. 한 실험에서는 특정 시간에 특정 냄새를 맡은 꿀벌들은 대부분 그다음 날에 언제 어떤 냄새를 맡아야 하는지를 정확하게 안다는 사실을 밝혀냈어요.

그러나 이렇게 재능이 많은 꿀벌도 사는 동안 끊임없이 힘든 일을 겪는답니다.

10. 꿀벌로 살기의 어려움

　벌집은 아주 섬세해요. 벌집을 가지고 무언가를 하고 싶다면 정말로 조심해야 해요.

　나무에 올라 야생 벌집에서 꿀을 따 오는 옛사람들의 꿀 채집 방식은 꿀벌 사회를 심하게 파괴해요. 침입자가 왔다 간 벌집은 살 수 없는 곳이 되기 때문에 여왕벌은 일벌들을 데리고 다른 장소로 옮겨가야 해요. 하지만 꿀벌 사회 전체가 다른 곳으로 이동하기는 쉽지 않은 데다 쓸데없이 자원을 낭비해야 해요. 아직 알에서 나오지 않은 유충과 밀납, 저장해 둔 넥타는 버리고 가야 하고요. 더구나 새 벌집은 겨울이 되기 전에 완성해야 해요. 겨울에 꿀을 빼앗기고 벌집이 파괴된다면 새로운 벌집을 지을 시간이 부족해 결국 그 벌집의 꿀벌들은 모두 죽고 말아요.

　벌집을 농업 지역으로 옮겨 오는 기술은 서기전 2400년에 이집트 사람들이 발명했어요. 그 뒤로 수 세기 동안 농부들은 바구니에 벌집을

담아 꿀벌들이 농작물의 수분을 돕게 했답니다. 그러나 꿀벌들 덕분에 농작물이 맺은 열매를 수확하고 나면 꿀을 따려고 벌집을 파괴했어요. 1851년에는 미국 목사 로렌조 로렌 랭스트로스가 샴페인을 보관하는 나무 상자로 현대식 벌통을 만들어 특허를 냈어요. 상자 안에 수직으로 나무 틀을 세워 두면 꿀벌들이 상자 안으로 들어가 벌집을 만들어요. 랭스트로스의 벌통이 발명된 뒤부터 사람이 관리하는 벌집은 전 세계에서 엄청난 성공을 거둔 사업이 되었어요.

해마다 500개쯤 되는 벌통을 실은 트럭들이 들판을 돌아다니며 농작물의 수분을 도와요. 미국 동부 해안에서는 그런 벌통 트럭이 플로리다주에서 자라는 감귤류의 수분을 돕고 북쪽으로 이동해서 사과와 체리의 수분을 도와요. 마지막에는 메인주까지 올라가 블루베리의 수분을

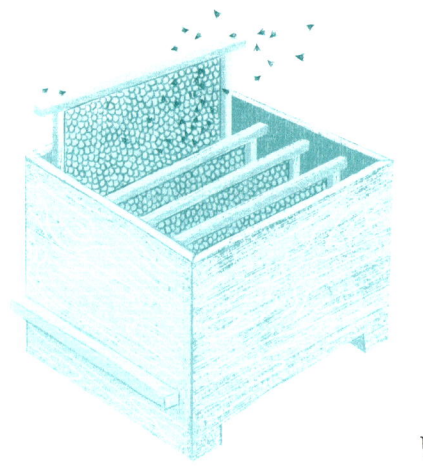

돕지요.

캘리포니아주는 전 세계에서 아몬드를 가장 많이 생산하는 곳이에요. 캘리포니아주에서 아몬드 나무가 자라는 면적은 100만 에이커나 돼요. 이 많은 아몬드 나무를 수분하려면 꿀벌이 적어도 300억 마리는 있어야 해요.

그래서 해마다 2월이면 캘리포니아주는 멀리 오스트레일리아에서도 꿀벌을 들여와요.

농부들은 자주개자리 콩과의 여러해살이풀이며, 사료용으로 재배―옮긴이를 길러요. 자주개자리 열매에는 단백질이 많이 들어 있어서 소에게 먹이면 우유가 더 많이 나기 때문이에요. 20세기 초에 미국 아이다호주와 유타주의 농부들은 알칼리벌이라고 하는 작은 벌 Nomia melanderi이 자주개자리를 좋아한다는 사실을 발견했어요. 사막 지대에 새로 만든 관개 농업 지역이 수분 매개자를 위한 전도유망한 서식지가 되었어요.

자주개자리의 꽃은 아주 까다로워요. 무엇보다도 익판을 펼치고 안쪽에서 잘 보호하고 있던 생식 기관을 밖으로 드러내려면 용골판을 떨어뜨려야 해요. 알칼리벌은 능숙하게 용골판을 떨어뜨릴 수 있어요. 사막에서 살아가는 이 벌의 이름이 알칼리벌인 이유는 염분이 많은 건조한 땅에 둥지를 짓고 살기 때문이에요.

1950년대에 농부들은 알칼리벌의 둥지를 흙째 퍼서 자주개자리가 자라는 곳으로 가져오는 법을 알게 됐어요. 알칼리벌을 더 많이 들여올수록 자주개자리도 훨씬 많은 양을 수확할 수 있다는 사실도 알았어요. 그 덕분에 아이오와주는 미국에서 세 번째로 우유를 많이 생산하는 주가 되었죠.

농부들은 더 많은 알칼리벌을 자주개자리 서식지로 들여왔고, 알칼리벌과 자주개자리, 유제품을 이용한 사업은 아주 유망해졌어요. 1990년이 되면 자주개자리는 1년에 50억 달러를 벌어들이는 사업이 되고, 자주개자리 씨앗은 전 세계로 팔려 나갔어요. 누구나 자주개자리를 기르고 싶어 했기 때문에 농부들은 점점 더 많은 땅을 자주개자리를 심을 밭으로 만들었어요. 그런데 밭을 만들면서 땅에 둥지를 트는 알칼리벌이 살아갈 서식지를 남기지 않은 게 문제였어요. 그 때문에 알칼리벌의 수가 줄어들고, 결국 자주개자리의 생산량도 줄어들었어요. 자주개자리 사업이 내림세에 접어든 거예요. 알칼리벌의 개체 수가 감소하자 농부들은 북아메리카 대륙에 사는 다른 토종벌인 뒤영벌에게 희망을 걸었어요. 하지만 뒤영벌은 자주개자리의 수분을 돕기는 하지만 알칼리벌만큼 능숙한 재주꾼은 아니라는 사실을 알게 되었을 뿐이에요.

그러다가 장님노린재들이 자주개자리를 공격했어요. 장님노린재는 식물의 즙을 빨아 먹는 채식 곤충이에요. 장님노린재를 없애려고 농부들은 살충제를 살포했어요. 정확하게 단정할 수는 없으나 살충제도 알칼리벌을 줄이는 데 영향을 미쳤을 거예요.

꿀벌은 야구 시합에서 훌륭한 타자가 될 수 있는 굉장한 눈을 가지고 있지만, 꿀벌 선수들은 상당히 많은 시간 동안 부상자 목록에 오를 거예요. 아주 영리하지만 아주 연약한 동물이니까요. 꿀벌은 질병에도 독성 물질에도 아주 취약해요.

곤충과 협력해 농작물을 기르는 농부는 끊임없이 자연과 균형을 맞춰 가며 일해야 해요. 생물학자들은 '의도하지 않은 결과의 법칙 The law of unintended consequences'이 존재한다고 해요. 일단 자연의 질서에 개입하면 그 때문에 생길 변화를 예측하기 어렵다는 뜻이에요. 자주개자리를 기르는 농부들은 꿀벌보다 훨씬 강한 캐나다 가위벌을 농지에 들여왔어요. 하지만 백묵병이라는 전염병이 가위벌 무리를 공격했어요. 백묵병은 곰팡이 때문에 연약한 가위벌 유충이 병드는 질병이에요.

문제는 더 있었어요. 20세기 말에는 다양한 질병과 기생 생물이 기승을 부렸어요. 진드기 같은 해충이 양봉꿀벌을 비롯한 다양한 벌을 괴롭혔어요. 그 가운데 가장 문제가 된 해충은 '바로아응애'라는 진드기였어요. 바로아응애는 벌의 몸에 붙어 혈림프를 빨아 먹어요. 혈림프는 곤충의 온몸을 돌면서 몸의 향상성을 유지하는 체액이에요. 그 때문에 바로아응애를 곤충 흡혈귀라고 부르는 사람도 있답니다. 맨눈으로 보면 그저 작은 점으로 보이지만 확대해서 보면 바로아응애는 머리는 없고 몸은 털 달린 손톱처럼 보이는 것이 흡사 외계인처럼 생겼어요.

파괴자 바로아응애라는 적절한 이름으로 불리는 이 절지동물은 수백만 년 동안 벌과 조화롭게 살았을 거예요. 하지만 꿀벌이 처음 바로아응애를 만난 뒤부터—아마도 1950년대에 러시아에서 만났을 거예요—

바로아응애는 아시아와 동부 유럽으로 퍼져 나갔고, 결국 아메리카 대륙까지 진출하게 됐어요. 미국에는 1987년에 들어왔답니다.

외래 도입종이 문제가 되는 이유는 천적을 같이 들여오지 않기 때문에 통제할 수 없이 많은 수가 넓은 지역에 퍼진다는 점이에요. 물론 꿀벌도 아메리카 대륙의 토종 동물이 아니라 도입종이에요. 그러니까 우리가 좋아하는 도입종도 우리가 좋아하지 않는 도입종의 공격을 받을 수 있는 거예요.

북아메리카 대륙에 사는 꿀벌은 호흡기관을 공격하는 기문응애의 공격을 받았어요. 기문응애는 꿀벌 무리를 최대 절반까지 죽일 수 있는 무서운 기생 생물이에요. 기문응애는 기문뿐만 아니라 꿀벌의 위에서도 기생해요. 위에 기문응애가 들어가면 꿀벌은 점차 약해지다가 죽게 돼요.

남아메리카 대륙에서는 작은벌집딱정벌레가 꿀벌을 공격했어요. 애벌레처럼 생긴 작은벌집딱정벌레 유충은 성충이 되기 전에 벌집에 들어가 꿀과 꽃가루, 어린 벌을 먹고 성장해요. 파수꾼 꿀벌이 제때 딱정벌레 유충을 잡지 못하면 벌집은 완전히 파괴되고 말 거예요. 꿀벌 사회에는 몸길이가 1.3㎝ 정도 되는 벌집나방 같은 침입자를 밖으로 쫓아내는 방위군이 있지만 적절한 시기에 해로운 침입자를 내보내지 못하면 벌집은 파괴되고 말아요.

농부들이 농사를 망치는 해충을 죽이려고 뿌리는 살충제도 벌을 죽이는 데 한몫했을 수도 있어요. 1973년에 워싱턴주에서 그런 일이 있었어요. 알칼리벌이 사는 땅에 아주 강력한 살충제를 뿌린 거예요. 그 때문에 자주개자리 씨 생산량도 대폭 줄어들었어요. 식물에 살충제를 뿌리면 그 식물을 해치는 곤충을 쫓을 수 있지만, 꽃에는 살충제의 독성이 남을 수도 있어요. 꿀벌이 독성 물질이 묻은 넥타를 가지로 벌집으로 돌아오면 무리 전체가 위험해질 거예요.

이런 예들을 '의도하지 않은 결과의 법칙'이라고 할 수 있어요. 해충이라고 생각되는 생물종을 죽이는 식으로 자연의 질서를 바꿀 때는 그 뒤에 벌어질 일을 예측하기가 너무 힘들어요.

11. 사라지는 꿀벌들

 2004년부터 꿀벌이 벌집에서 사라지고 있어요. 꿀벌이 사라지는 장소가 캘리포니아주의 아몬드 농장이나 메인주의 블루베리 숲 같은 단일 지역이라면 꿀벌이 사라지는 이유를 찾아내 문제를 바로잡을 수 있을 거예요. 하지만 꿀벌은 미국, 캐나다, 유럽, 아시아, 남아메리카 대륙 할 것 없이 전 세계 모든 곳에서 사라지고 있어요.

 앞에서 살펴본 것처럼 벌을 비롯한 곤충은 다양한 이유로 위험에 처해 있어요. 사라지는 곤충은 꿀벌만이 아니에요. 북아메리카 대륙에서는 토종벌들도 사라지고 있어요. 식물의 수분에 큰 역할을 하는 토종벌들은 13만 종에 이르는데, 진드기와 기생 생물 때문에 많은 개체가 죽었어요.

 그런데 2004년부터는 꿀벌들이 그 전과는 전혀 다른 이유로 사라져 갔어요. 일벌들이 벌집을 떠나 다시는 돌아오지 않았기 때문에 벌집에

남은 여왕벌과 수벌은 굶어 죽었어요. 살충제가 문제라면 보통 벌의 사체가 남아요. 하지만 요즘은 그저 일벌이 사라지고 말아요. 일벌들이 벌집에서 나와서 그저 날아가 버리는 거예요. 저장고에 꿀과 넥타가 가득 차 있는 경우에도 벌집을 버리고 사라져 버려요. 버려진 벌집에는 아직 부화하지 않은 알이 남은 경우도 있어요. 꿀벌이 힘들게 모은 식량을 버리고, 공동체를 지탱할 미래의 구성원도 그냥 내버려 두고 떠나 버리는 이유를 우리는 알지 못해요.

꿀벌이 우리는 모르는 이유로 벌집을 버리고 떠나는 현상을 '벌집 군집 붕괴 현상CCD'이라고 해요. 이 현상을 처음 발견했을 때는 많은 과학자가 바이러스가 퍼트린 전염병이 그 원인이라고 생각했어요. 하지만 어떤 바이러스가 어떤 일을 했기에 꿀벌들이 벌집을 버리는 걸까요? 지금까지는 없었던 바이러스가 꿀벌의 면역계를 공격해 꿀벌이 질병에 취약하게 만든다는 가설을 세운 과학자도 있었어요.

'벌집 군집 붕괴 현상'에 관해 과학자들은 무시무시한 예측을 내놓았어요. 지금과 같은 속도로 꿀벌이 사라진다면 2035년에는 미국에서 꿀벌이 완전히 사라진다고 예측하는 사람도 있어요. 그 예측이 옳다면 미국 농업계에도 미국의 식량 공급 능력에도 큰 문제가 생길 거예요. 하지만 이런 추론은 수많은 예측 가운데 하나일 뿐이에요. 꿀벌이 사라지는 이유를 아직은 정확하게 밝히지 못했기 때문에 이런 무시무시한 예측을 완전히 신뢰할 수는 없어요.

꿀벌이 이유도 없이 죽어간 것은 이번이 처음은 아니에요. 하지만 사라지는 꿀벌의 수가 점점 많아지고 있다는 것이 문제예요. 1896년에는 콜로라도주에서 꿀벌이 사라졌어요. 하지만 1917년에는 온타리오주, 오하이오주, 뉴욕주, 뉴저지주에서 꿀벌이 사라졌고, 1970년대에는 27개 주에서 '꿀벌 실종' 사건이 발생했어요.

전 세계 여러 곳에서 꿀벌이 사라지는 이유를 조사하고 있기 때문에 이 불행한 사건의 이유를 설명하는 가설은 계속 나오고 있어요. 꿀벌만을 공격하는 기생 생물이 있다는 가설이 나왔고, 휴대전화 신호가 꿀벌의 길 찾기 신호 체계에 영향을 미친다는 가설이 인기를 끈 적도 있어요. 농사를 망치려고 테러 집단이 꿀벌을 죽인다는 가설도 나왔어요.

휴대전화 가설은 실제로 휴대전화 송신기가 없는 곳에서도 벌집 군집 붕괴 현상이 일어난다는 사실을 알게 된 뒤로 빠르게 제외됐어요. 테러 가설은 가설을 뒷받침할 정확한 증거가 없어요. 꿀벌이 사라진 지역을 연구한 과학자들은 계속 그럴싸한 가설을 제시했지만 안타깝게도 다른 지역에서 연구한 과학자들도 그 가설을 물리칠 수 있는 그럴싸한 가설을 제시할 수 있었어요.

가장 의심이 가는 이유는 살충제예요. 살충제는 화학 무기를 대량 실험했던 2차 세계대전 때 개발했어요. 자신들이 만든 화학 물질로 곤충을 죽일 수 있다는 사실을 알게 된 화학자들은 열대 태평양 지역에 참전한 군인들을 위해 말라리아를 옮기는 모기를 죽이려고 살충제를 사용했어요.

가장 초기에 사용했고, 가장 유명해진 살충제는 DDT라고 부르는 '디클로로디페닐트리클로로에탄'이에요. 1940년대에는 DDT를 화학의 기적이라고 불렀어요. DDT를 식물에 뿌리면 말라리아나 티푸스 같은 무서운 질병을 옮기는 곤충을 없앨 수 있었으니까요. DDT는 농작물과 가축을 해로운 곤충에게서 보호해 줬어요. 그래서 사람들은 자신들의 정원에도 DDT를 뿌렸어요. DDT를 연구한 미국 농업국과 대학들은 DDT의 위험을 축소해서 발표했어요. 그런 행위는 결국 인류에게 독이 되었죠.

1962년에 레이첼 카슨이 발표한 영향력이 큰 환경 책 『침묵의 봄』은 살충제 사용을 규제하는 법안을 마련해야 한다고 촉구했어요. 우리는 분명히 DDT를 지나치게 많이 사용했어요. 그 때문에 곤충과 수많은 동물의 생명뿐만 아니라 사람의 건강도 위험해졌어요. 애초에 DDT가 목표로 했던 곤충은 DDT에 면역이 생겼고, DDT의 효과는 점점 떨어졌어요. 그 때문에 같은 효과를 내려면 DDT를 더 많이 쓸 수밖에 없게 되었어요.

DDT를 둘러싼 싸움도 미국에서 환경보호국(EPA)을 설립하게 된 이유 가운데 하나예요. DDT 사용을 금지한 미국 환경보호국은 환경을 해치는 여러 행위를 통제하고, 위험한 화학 물질 사용을 규제하고 있어요.

카슨은 꿀벌을 죽이는 살충제에 관해 제일 먼저 글을 쓴 사람 가운데 한 명이에요. 카슨은 뉴욕주에서 꿀벌을 키우는 사람의 말을 인용했어요. "1953년까지는 미국 농무부와 농업 대학교에서 하는 말은 무엇이든지 복음으로 생각하고 믿었단 말입니다." 이 양봉가는 1953년 5월에 너무나도 화가 났어요. 뉴욕주 정부가 이 양봉가가 꿀벌을 치는 곳에 DDT를 살포한 뒤로 800개 군집의 꿀벌이 모두 죽었기 때문이에요. DDT를 살포한 지역에서는 꿀벌이 너무나 많이 죽었기 때문에 이 양봉가는 비슷한 피해를 입은 다른 양봉가 열네 명과 함께 뉴욕주를 상대로 25만 달러를 배상하라는 소송을 했어요.

카슨의 책에는 1957년에 살포한 DDT 때문에 400개 꿀벌 군집을 잃은 농부 이야기도 나와요. 그 농부는 DDT를 많이 살포한 지역에서는 일벌이 모두 죽었고, 조금 살포한 지역에서는 일벌이 절반 죽었다고 했어요. 그 농부는 이렇게 말했어요. "5월이 되었는데도 꿀벌이 윙윙거리지 않는 들판을 걷는다는 건 정말 괴로운 일입니다." 카슨이 책 제목을 『침묵의 봄 Silent Spring』이라고 지은 이유는 살충제가 봄을 사랑스럽게 느끼게 해 주는 새소리와 꿀벌 소리를 사라지게 했기 때문이에요.

살충제 때문에 꿀벌이 죽는 상황은 계속됐어요. 꿀벌 손실을 보상하려고 여러 주에 중앙 정부의 보상금이 지급됐어요. 애리조나주는 가장 많은 보상금을 받은 미국 주 가운데 한 곳이 되었어요. 1963년부터 1977년까지 애리조나주에서 서식하던 꿀벌이 절반이나 사라졌기 때문이에요. 여러 회사에서 DDT를 대체할 살충제를 계속 만들었으나 그 살충제들 역시 꿀벌을 죽이는 새로운 물질일 뿐이었어요. 펜캡-M Penncap-M이라는 살충제는 꽃가루만 한 크기의 과립형 살충제인데, 일벌이 실수로 다리에 묻혀 벌집으로 가져갈 수도 있어요. 벌집이 이 독성 물질에 노출되면 벌집 전체 구성원이 죽을 수도 있어요.

살충제는 지금도 여전히 문제가 되고 있지만 2004년에 갑자기 꿀벌이 세계 곳곳에서 사라진 이유는 살충제 때문이 아니에요. 살충제는 이미 널리 알려진 원인이었기 때문에 꿀벌이 사라졌을 때 과학자들은 제일 먼저 살충제가 원인일 수 있는지 알아봤어요. 하지만 앞에서도 언급했듯이 살충제 때문에 죽은 꿀벌은 사체가 남아요. 살충제 때문에 죽은 꿀벌의 사체는 아주 많아요. 벌집에는 죽은 꿀벌이 가득하고 땅에서도, 들판에서도 죽은 꿀벌을 수백 마리, 수천만 마리를 볼 수 있어요. 그에 반해서 '벌집 군집 붕괴 현상'은 그 어떤 흔적도 남기지 않아요. 꿀벌이 그냥 사라져 버리는 거예요. 꿀벌이 그저 사라지는 현상은 살충제를 쓰지 않은 지역에서도 발생했어요.

'벌집 군집 붕괴 현상'은 새로 만든 살충제가 꿀벌에게 다른 식으로 작용하기 때문에 일어나는 일이라고 생각하는 사람도 많아요. 프랑스 과학자들은 자신들이 해답을 찾았다고 생각했어요. 1994년에 화학 약품 회사 바이엘은 인공 니코틴인 이미다클로프리드 Imidacloprid를 개발했어요. 이 새로운 살충제는 곤충의 신경계를 공격하는 신경 독성 물질이에요. 이미다클로프리드는 흰개미를 박멸하고, 애완동물을 무는 벼룩을 없애려는 목적으로 전 세계 사람들이 사용하고 있어요.

프랑스에서는 이미다클로프리드를 해바라기밭에도 뿌렸어요. 식물에 붙어사는 작은 진딧물을 비롯한 여러 해충을 죽이는 이 살충제는 효과가 좋았기 때문에 많은 지역에서 사용했어요. 문제는 이미다클로프리드가 여러 종의 새나 소중한 지렁이처럼 다른 동물도 죽였다는 거예요. 미국 환경보호국은 이미다클로프리드 때문에 꿀벌도 죽었다고 발표했어요. 그런데도 이 살충제를 사용하면 안 된다는 명령은 내리지 않았어요. 미국 환경보호국은 꿀벌이 사라지는 이유가 이미다클로프리드 때문이라는 사실을 공식 문서에는 기록하지 않았어요.

프랑스 양봉업자 전국연합회는 21세기가 시작된 뒤로 꿀벌 군집 150만 개가 사라졌으며, 프랑스 남부에서 생산되는 유명한 꿀의 양이 줄어들었다고 주장했어요. 바이엘은 이미다클로프리드가 꿀벌의 수분 활동에 어떠한 영향도 미치지 않는다는 연구 결과를 발표했어요. 어쩌면 그 연구 결과가 옳을지도 모르지만, 꽃가루와 넥타를 비롯한 식물의 모든 곳에 스며드는 이미다클로프리드는 꿀벌의 방향 감각과 기억력을 훼손할 수 있어요. 이탈리아 과학자들은 이 살충제가 꿀벌의 춤 언어에도 영향을 미친다는 연구 결과를 발표했어요. 이탈리아 과학자들의 발표야말로 꿀벌이 집을 찾지 못하는 이유를 설명해 주는, 모든 사람이 찾던 꿀벌 실종의 원인이었어요.

프랑스 정부는 이미다클로프리드를 사용하지 못하게 했고, 2006년과 2007년에는 프랑스 꿀벌의 치사율이 크게 낮아졌어요. 한동안은 꿀벌이 사라지는 문제가 해결된 것처럼 보였어요. 하지만 2008년에 다시 꿀벌이 사라졌고, 꿀벌 치사율도 다시 높아지기 시작했어요. 그 때문에 살충제만이 아니라 바로아응애와 벌집나방 같은 꿀벌의 천적이 꿀벌을 사라지게 하는 원인일 수도 있다고 생각하는 과학자들도 있어요. 그런 설명이 옳다고 해도 여전히 의문은 남아요. 어째서 꿀벌의 천적 수는 늘어나는데 꿀벌의 저항력은 약해지는 걸까요? 게다가 벌집에서 꿀이 사라지거나 꿀벌의 사체에 흰색 부분이 남는 등 천적들은 대부분 활동한 흔적을 남겨요. 어떤 천적도 꿀이 가득 차 있고 죽은 꿀벌 하나 없는 멀쩡한 상태로 벌집을 버려두고 떠나지 않아요. 하지만 바이러스도 동물처럼 변이해요. 다른 특성을 지닌 바이러스로 변한 뒤에 어떤 변이는 사라지고 어떤 변이는 남아서 번성해요. 어쩌면 우리가 모르는 바이러스가 꿀벌에게 다른 방식으로 영향을 미쳤는지도 몰라요.

다윈의 자연선택설에 따르면 먹이를 제대로 고르는 바로아응애가 다른 바로아응애들을 물리치고 더 건강하고 더 많은 자손을 낳을 거예요. 바로아응애에게 최고의 먹이는 새로운 벌이 될 유충을 돌보는 꿀벌이에요. 최근에 바로아응애는 개체 수도 늘어나고 개체군도 건강해지고 있다는 연구 결과가 나왔어요.

상황은 더 나빠지고 있어요. 1982년에는 새로운 기생 탁란 진드기인 가시응애를 발견했어요. 스리랑카에서 사는 꿀벌의 몸에서 처음 발견했답니다. 가시응애는 아시아 지역에서 꿀벌 개체군을 파괴하고 있지만 결국 아시아 대륙을 넘어 퍼질 거예요. 어쩌면 이미 퍼졌는지도 몰라요.

유전자 조작 식물도 꿀벌을 죽이는 또 다른 원인이라고 여겨지고 있어요. 유전자 조작 식물이란 다른 유기체의 유전자를 이식해 특별한 형질을 갖도록 인공적으로 조작한 농작물이에요. 가장 처음 유전자를 조작한 식물은 천천히 익는 토마토였는데, 잘 팔리지는 않았어요. 하지만 그 뒤로 여러 곡물과 작물이 유전자 조작에 성공했고, 잘 팔리고 있어요. 많은 유전자 조작 식물이 지닌 형질 가운데 하나가 곤충 저항성이에요. 곤충을 공격하는 바이러스의 유전자를 식물의 DNA에 심었기 때문이에요.

비티균 *Bacillus thuringiensis*은 자연에 존재하는 평범한 박테리아예요. 자연계에서 이 박테리아는 한 애벌레의 배 안에서 살면서 애벌레를 먹는 곤충을 막는 방어 작용을 해요. 유전자 조작 기술이 발달하기 전에도 농부들은 이 박테리아를 이용해 곤충을 쫓았어요. 이제는 유전공학 덕분에 이 박테리아를 식물에 뿌릴 필요가 없게 됐어요. 그저 박테리아의 유전자를 식물의 유전자풀에 삽입하면 자연 속에서 곤충을 쫓는 애벌레가 있는 것처럼 인공적으로 곤충을 쫓는 식물을 만들 수 있어요.

비티균의 유전자를 이식한 농작물은 넓은 밭에서 곤충 포식자를 걱정할 필요 없이 자라기 때문에 화학 약품이나 살충제를 쓰지 않아도 돼요. 하지만 곤충을 쫓는 식물이 가져온 결과는 분명했어요. 밭마다 수분을 도와줄 꿀벌 같은 좋은 곤충도 날아오지 않은 거예요. 우리가 원치 않는 곤충을 죽이려고 뿌린 살충제가 그랬듯이 유전자 조작 식물도 우리가 원하는 곤충을 죽였어요.

그런데 이 그럴듯한 가설에도 한 가지 문제가 있어요. 유전자 조작 식물을 심지 않은 많은 나라에서도 서유럽 나라들은 거의 대부분 유전자 조작 식물을 심지 않아요 벌집 군집 붕괴 현상이 여러 곳에서 나타나고 있다는 거예요. 많은 사람이 유전자 조작 식물을 범인으로 지목하고 있으나 과학자들은 그 주장에 완전히 동의하지는 않아요. 아직 과학자들은 꿀벌이 사라지는 현상과 유전자 조작 식물의 관계를 밝혀내지 못했어요.

수분을 하려고 꿀벌을 트럭에 싣고 이리저리 옮겨 다니기 때문에 꿀벌이 집으로 돌아오는 방향 감각을 상실한다는 가설도 있어요. 이 가설을 주장하는 사람들은 방랑 생활이 꿀벌에게 엄청난 스트레스를 주어서 진드기와 질병에 저항하는 능력을 잃게 한다고 했어요. 하지만 이 가설을 뒷받침하는 과학 연구는 진행한 적이 없어요.

어쩌면 앞에서 언급한 이유들이 모두 한데 모여 벌집 군집 붕괴 현상을 일으키는지도 몰라요. 또 어쩌면 꿀벌이 사라지는 현상은 아직 우리가 발견하지 못한 어떤 일의 결과일 수도 있어요. 유기 양봉장에서는 꿀벌 실종 현상이 나타나지 않는다는 사실은 흥미로운 단서예요. 유기 양봉을 하려면 수분 매개자인 꿀벌이 화학 물질을 뿌린 장소에서 멀리 떨어진 곳에서 살아야 해요. 상업적으로 양봉을 하는 사람들은 대부분 질병을 막으려고 항생제를 쓰고 진드기를 쫓으려고 살충제를 사용해요. 하지만 유기 양봉가들은 화학 물질을 사용하지 않아요. 유기 양봉가들은 꿀벌에게 꿀벌이 직접 따온 꽃가루와 직접 만든 꿀을 먹을 수 있게 해 줘요. 이와 달리 상업 양봉가들은 꽃가루 대신 콩가루를 먹이고 꿀 대신 과당이 많이 든 옥수수 시럽을 먹여요.

　기후 변화는 아직은 알려지지 않은 결과를 불러올 수도 있어요. 기후 변화 때문에 극단적으로 바뀌는 날씨는 꿀벌에게는 좋지 않아요. 특히 거세게 내리는 비는 꿀벌이 벌집에서 나와 수분을 할 수 없게 하고, 꿀벌에게 절실하게 필요한 넥타와 꽃가루를 모을 수 없게 해요. 날씨가 극단적으로 추워지면 식물은 꽃가루를 만들지 못할 테고, 결국 씨도 맺지 못할 거예요. 꽃가루가 없다면 꿀벌도 필요한 영양분을 얻지 못할 테고요. 최근 몇 년 동안 미국 서부 지역에서 경험하는 기후 변화 때문에 생긴 건조하고 뜨거운 날씨는 꽃이 꽃가루와 넥타를 충분히 만들지 못하게 해요. 그러면 꿀벌은 굶을 수밖에 없을 거예요. 더구나 따뜻한 날씨는 바로아응애가 아주 좋아하는 날씨예요. 바로아응애의 수가 많아지면 꿀벌은 피해를 입을 거예요.

　살인벌인 아프리카화 벌도 따뜻한 날씨를 좋아해요. 꿀벌은 아프리카화 벌과 경쟁을 할 수 없어요. 미국에서 아프리카화 벌은 텍사스주에서 처음 발견됐고, 그 뒤로 캘리포니아주 남부를 비롯해 남서부 지역으로 퍼져 나가 이제는 플로리다주에서도 볼 수 있어요. 지금처럼 북아메리카 대륙의 기온이 계속해서 올라간다면 결국 이 침입종 벌은 멀리 캐나다까지 퍼져 나갈 거예요. 지금은 아시아에서만 서식하는 장수말벌도 따뜻해진 날씨 덕분에 개체 수가 크게 늘어나고 있어요. 토종 일본 꿀벌들은 장수말벌과 싸우는 법을 알아서 장수말벌이 벌집 근처에 나타나면 일단 벌집 안으로 유인한 뒤에 한꺼번에 공격해 물리쳐요. 하지만 꿀 생산성이 높기 때문에 일본을 비롯한 아시아 여러 나라에서 들여간 서양 양봉꿀벌은 덩치가 크고 공격적인 장수말벌에게 대처하는 방법을 몰라요. 따라서 기후 변화 때문에 장수말벌이 넓은 지역으로 퍼지면 많은 꿀벌 개체군이 사라질 거예요.

자연에서 꿀벌처럼 효율적인 수분 매개자는 찾을 수 없어요. 1980년대에 중국 쓰촨성 남부 지역에서는 살충제를 과도하게 쓰는 바람에 꿀벌이 완전히 사라졌어요. 쓰촨성 사람들은 귀중한 배 농사를 망치지 않으려고 사람이 직접 손으로 배꽃을 수분해야 했어요. 느리게 진행할 수밖에 없는 이 고된 노동은 임금을 너무나도 적게 받는 노동자들이 있었기에 할 수 있었어요. 인건비가 높은 미국에서 같은 방법으로 농작물을 수분하면 농작물 가격이 엄청나게 비싸질 거예요.

과학자들은 꿀벌 대신 농작물의 수분을 도와줄 다른 생물종을 찾고 있어요. 그런 생물을 찾으면 꿀은 만들 수 없겠지만 농작물을 계속 기를 수는 있을 거예요. 문제는 식물은 대부분 꽃마다 함께 협력해 일하는 수분 매개자가 정해져 있다는 거예요. 대부분의 경우 한 종의 꽃을 도울 수 있는 수분 매개자는 단 한 종뿐이에요.

21세기에는 엄청난 수의 꿀벌이 사라져 가고 있어요. 미국에서는 거의 3분의 1에 해당하는 꿀벌이 사라졌어요. 모든 농작물이 수분을 꿀벌에게 의지하고 있기 때문에 꿀벌은 경제적인 가치가 어마어마한 곤충이에요. 코넬 대학교는 꿀벌이 미국 경제에 기여하는 가치는 해마다 150억 달러에 이를 것으로 추정했어요. 물론 수조에 이르는 미국의 전체 경제 규모를 생각하면 많지 않은 금액이지만, 미국 정부가 꿀벌 실종 현상을 연구하라며 과학계에 자금을 댈 정도로는 충분히 많은 금액이에요. 그러나 아직 과학계는 해결 방법을 찾지 못하고 있어요.

  네바다주 사막에 있는 셰일층에서는 조금 걱정스러운 증거가 나왔어요. 미국에는 토종 꿀벌이 없었다는 오랜 믿음에 도전하는 화석이 발견된 거예요. 이 화석은 1400만 년 전에 네바다주에서 살았던 꿀벌이 분명했어요. 이 아메리카 꿀벌_{Apis nearctica}은 오래전에 사라졌어요. 이 꿀벌에게는 무슨 일이 있었던 걸까요? 어째서 모두 사라져 버린 걸까요? 그 이유를 아무도 정확히는 알지 못해요.

3부

딱정벌레

12. 딱정벌레 만나기

   딱정벌레와 벌은 가장 중요한 수분 매개자들이지만 두 곤충이 수분하는 방법은 록 콘서트와 교향곡 공연만큼이나 달라요. 딱정벌레는 거칠고 야성적으로 꽃을 수분해요. 딱정벌레에게는 꿀벌과 달리 춤으로 의사를 전달하고 조직적인 사회생활을 하고 정교하게 비행하는 능력이 없어요. 딱정벌레가 수분을 할 때면 꽃잎을 먹기도 하고, 꽃잎 위에 배설을 하기도 해요. 딱정벌레가 떠난 자리는 엉망이 돼요.
   딱정벌레는 섬세한 꽃잎 위로 우아하게 착지하지 않아요. 꽃잎 안으로 기어들어 가서 꽃에게 붙잡혀요. 꽃은 딱정벌레의 몸에 꽃가루를 충분히 묻힐 때까지 딱정벌레를 놓아주지 않아요. 꽃가루를 잔뜩 묻힌 채 행복하게 꽃에서 벗어난 딱정벌레는 또다시 저항할 수 없는 따뜻한 향기를 뿜어내는 다른 꽃을 향해 떠나가요. 가정에서 많이 기르는 디펜바키아와 필로덴드론처럼 딱정벌레가 수분하는 식물의 꽃은 딱정벌레에

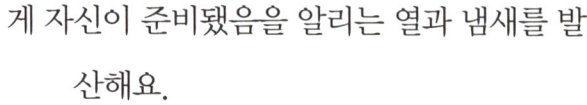
게 자신이 준비됐음을 알리는 열과 냄새를 발산해요.

종류는 다양해도 딱정벌레는 모두 특이하고 서로 다른 꽃의 수분을 도와요. 딱정벌레가 수백만 년 전에 처음으로 꽃을 수분한 곤충이라고 생각하는 사람들도 있어요. 딱정벌레가 식물을 수분한다는 생각을 발명했는지도 몰라요.

기어 다니는 끔찍한 해충이라고 여겨지는 딱정벌레도 있고, 매력적이라고 평가받는 딱정벌레도 있어요. 사람에게 이익이 되기 때문에 가치 있게 여겨지는 딱정벌레도 있어요. 종류가 너무나도 많아서 다윈은 그 어떤 곤충보다도 딱정벌레에게 매혹됐어요. 난초처럼 딱정벌레도 수많은 변이가 있어서 다윈은 딱정벌레의 진화 과정을 효과적으로 설명할 수 있었어요. 물론 다윈은 진화설을 생각하기 훨씬 전부터 딱정벌레를 연구했어요. 케임브리지 대학교의 학생이었던 열아홉 살 때 다윈은 평생 흥미를 가지고 연구하게 될 딱정벌레를 수집하고 새로운 종을 분류했어요. 2014년에 런던자연사박물관에서 다윈이 수집한 딱정벌레 표본을 살펴보던 한 미국 과학자가 진줏빛 청록색 머리와 톱니 같은 더듬이가 있는 특이한 딱정벌레를 발견했어요. 그 딱정벌레는 분명 아직

이름도 없고 분류도 되지 않은 새로운 종이었어요. 1832년에 처음 채집한 동물을 새로운 표본이라고 부를 수 있다면, 이 딱정벌레는 확실히 새로운 속屬에 속하는 동물이었어요. 다윈은 이 딱정벌레를 유명한 비글호 항해 때 아르헨티나 해변에서 찾았어요.

인도는 오래전부터 딱정벌레를 귀하게 여겼기 때문에 부유한 수집가들은 정교하게 만든 케이지에 소중한 딱정벌레를 집어넣고 기르기도 했고, 뚜껑에 구멍을 낸 마분지 상자 안에 기르기도 했어요. 1950년대에 유명한 인도 작가 러스킨 본드는 『큰 경주 The Big Race』라는 단편에서 소중한 딱정벌레를 상자에서 꺼내 경기장 안에 내려놓고 시합을 하는 소년들 이야기를 썼어요. 일단 상자에서 꺼내 놓으면 딱정벌레는 본능적으로 달리기 시작해요. 이 시합의 관건은 딱정벌레가 경기장 밖으로 나가지 않고 결승선을 향해 달리게 만드는 거예요.

수십만 종에 달할 정도로 딱정벌레의 종류는 엄청나게 많지만, 딱정벌레들은 대부분 분명한 공통점이 있어요. 많은 딱정벌레가 완전변태를 해요. 몇몇 벌이나 나방과 나비 대부분, 파리나 말벌처럼 딱정벌레도 유충으로 알에서 깨어나 번데기 과정을 거쳐 성체가 돼요.

딱정벌레Coleoptera목에 이름을 붙여 준 사람은 고대 그리스의 아리스토텔레스예요. 날개그리스어로 프테라Ptera라고 해요 역할을 하는 방패그리스어로 콜레Cole라고 해요를 가지고 다니기 때문에 그렇게 불렀어요. 딱정벌레의 방패는 몸을 보호하는 단단한 외피겉날개인데, 두 부분으로 나누어져 있고, 날개처럼 옆으로 벌어져요. 단단한 외피 아래에는 빠르게 움직이는 가벼운 곤충강 동물 가운데 딱정벌레목은 그 수가 가장 많아요. 과학자들이 지금까지 35만 종을 분류하고 학명을 붙였지만, 아직도 발견하지 못한 딱정벌레가 아주 많아요. 크기와 모양이 아주 다양해서 이 세상에 딱정벌레가 얼마나 많은지는 쉽게 알아내기 힘들어요. 니카라과에서 찾은 가장 작은 딱정벌레는 몸길이가 0.325mm밖에 되지 않아요. 그에 반해 아프리카 대륙에 사는 골리앗장수꽃무지는 10cm가 넘어요. 아메리카 대륙에 사는 헤라클레스장수풍뎅이도 아주 큰 딱정벌레예요. 헤라클레스장수풍뎅이는 지구에서 가장 힘이 센 동물로 자기 몸의 850배가 넘는 물체를 들어 올릴 수 있어요. 몸무게가 90kg인 남자가 85t짜리 물체를 들어 올리는 것과 같아요.

날개_{속날개}가 두 개 있어요. 이 속날개를 펄럭여 딱정벌레는 날아오르고 착지하고 빠른 속도로 앞으로 이동할 수 있어요. 초승달처럼 생긴 외피는 활짝 펼쳐도 모양이 변하지 않기 때문에 글라이더의 날개처럼 공중에 떠 있을 수 있도록 도와줘요. 속날개는 없고 외피만 있는 딱정벌레도 있어요. 이런 딱정벌레도 날기는 하지만 아주 잘 날지는 못해요.

사람들이 아주 사랑하는 딱정벌레 중 하나가 무당벌레예요. 전 세계 많은 사람이 딱정벌레가 몸에 앉으면 행운이 찾아온다고 생각해요. 무당벌레 외피에 있는 점의 수가 자신이 받게 될 행운의 크기를 의미한다고 생각하는 사람도 있어요.

우리가 싫어하는 곤충을 잡아먹거나 쫓아낸다는 것도 무당벌레가 인기가 있는 이유예요. 오랫동안 무당벌레를 행운의 상징으로 여겼던 이유도 그 때문이에요. 무당벌레를 보면 행복해지기도 해요. 명랑하고 화려한 외피에 둥글둥글한 몸은 보는 것만으로도 기분이 좋아져요.

무당벌레를 뜻하는 영어는 '레이디버그Ladybug'이지만 원래는 '레이디버드Ladybird'였어요. '성모 마리아의 새'라는 뜻이랍니다. 독일어로 무당벌레는 '마린케퍼Marienkäfer'예요. '마리아의 딱정벌레'라는 뜻이에요.

중세 유럽에서 농부들은 농작물을 해치는 곤충을 없애 달라고 성모 마리아에게 기도했어요. 농작물을 해치는 곤충을 잡아먹는 무당벌레가 밭에 오면 농부들은 성모 마리아가 무당벌레를 보내 주었다고 생각했어요. 레이디버그, 메리버그라는 이름은 그래서 붙은 거예요.

무당벌레는 종마다 색이 다르지만, 무당벌레의 등에는 배경색과 선명하게 대조를 이루는 점이 찍혀 있어요. 주황색, 빨간색, 노란색 위에 검은 점이 찍힌 무당벌레도 있고, 검은색 위에 흰색 점이 찍힌 무당벌레도 있어요. 주황색에 흑청색 점이 있는 무당벌레도 있고요. 적게는 점이 두 개인 무당벌레도 있고, 네 개나 다섯 개인 무당벌레도 있고, 스물여덟 개나 되는 점이 있는 무당벌레도 있어요. 점이 홀수일 때는 가운데에 한 점이 있고 나머지 점은 양쪽에 나누어져 있어요. 바둑판처럼 보이는 외피가 있는 무당벌레도 있고, 주변 환경과 어우러지려고 계절마다 색을 바꾸는 무당벌레도 있어요. 지금까지 알려진 무당벌레 종은 전체 포유류 종보다 조금 적은 5000종이나 되기 때문에 무당벌레의 무늬는 정말로 다양해요.

무당벌레 유충은 구슬처럼 생긴 밝은 노란색 알에서 태어나요. 무당벌레 암컷이 알을 낳으면 4일이나 8일 뒤에 유충이 알을 깨고 나와요. 알에서 나온 유충은 밝은색일 수도 있지만 대개 갈색과 노란색이 섞인 우중충한 모습이고, 무척이나 배가 고픈 상태예요. 무당벌레 유충이 가장 먼저 하는 일은 아직 부화하지 않은 알을 먹어 치우는 것이랍니다. 다행히 무당벌레 암컷은 그 사실을 알기 때문에 무정란도 함께 낳아요. 기후나 여러 원인 때문에 유충이 성장하기 어려운 환경이 되면 무당벌레 암컷은 수정란 대비 유충이 먹을 무정란의 비율을 더 높여서 알을 낳죠.

부화하지 않은 알을 먹은 뒤에 유충들은 사람들이 가장 좋아하는 무당벌레의 역할을 시작해요. 진딧물 같은 작은 곤충을 먹는 거예요. 위장을 잘하고 뾰족한 관 같은 구기가 있는 진딧물은 녹색 식물 위에서 살아요. 딱딱한 외피가 없어 말랑말랑한 진딧물은 뾰족한 구기로 식물에 구멍을 뚫고 식물의 즙을 빨아 먹어요. 진딧물을 잡아먹는 무당벌레가 없다면 농작물은 모두 죽고 말 거예요. 무당벌레도 식물의 즙에 영양분이 풍부하다는 사실을 알지만, 식물의 즙을 빨아 먹는 고단한 일은 진딧물이 하게 내버려 둬요. 진딧물이 식물의 즙을 충분히 먹으면 그때야 무당벌레는 진딧물의 부드러운 몸을 게걸스럽게 먹어 치워요. 진딧물을 하루에 500마리나 먹는 무당벌레 유충도 있어요. 무당벌레 유충이 어마어마한 식욕을 자랑하는 이유는 무당벌레가 유충 시기에만 자라기 때문이에요. 무당벌레 유충은 단단한 외피를 네 번 벗으면서 알일 때의 크기보다 네 배 정도 커져야 해요. 2주에서 4주 정도 열심히 먹은 유충은 마침내 번데기로 변해요. 무당벌레는 번데기 상태일 때 최대로 성장하고 그 뒤로 더는 자라지 않아요.

성체로 변하는 번데기 시기는 아주 취약해서 무당벌레 유충은 안전한 곳에 숨어 있어야 해요. 곤충들은 대부분 배의 끝부분에서 분비하는 점액을 가지고 끈끈한 실크를 만들어 번데기가 숨을 고치를 짭니다. 점액으로 만든 실크를 그저 고치를 만드는 재료인 곤충의 털과 나무 조각 같은 여러 물질을 붙이는 접착제로 사용하는 곤충도 있어요.

유충은 번데기를 감싼 고치를 식물의 잎에 붙여요. 7일에서 10일 정도 흐르면 성체로 변한 무당벌레가 고치를 뚫고 밖으로 나와요. 이제 막 고치를 뚫고 나온 무당벌레 성충은 연한 노란색 외피를 두르고 있을 뿐 특별한 무늬는 없어요. 48시간 정도 지나야 특유의 색과 점이 나타난답니다.

무당벌레의 수명은 1년이에요. 무당벌레 성충도 매일 진딧물을 50마리 정도 먹어요. 몇 달 동안은 동면해야 한다는 사실을 생각해 봐도 그 짧은 생애 동안 무당벌레 한 마리가 먹는 진딧물은 5000마리 정도 되는 거예요.

무당벌레에게는 영리하고 능력 있는 경쟁자가 있어요. 개미는 진딧물이 먹은 식물의 즙은 그다지 좋아하지 않아요. 하지만 진딧물이 식물의 즙을 소화한 뒤에 배설하는 즙은 정말 좋아해요. 진딧물의 배설물은 단물, 또는 감로甘露라고 불러요. 곤충 세계의 영리한 터프가이이자 전

사 집단인 개미는 자기들에게 소중한 감로를 주는 진딧물을 먹는 무당벌레를 발견하면 날카롭고 강인한 턱으로 무당벌레를 물어서 멀리 쫓아 버리려고 해요. 이제 왜 무당벌레가 둥글둥글하게 생겼는지 알겠죠? 완벽하게 평평한 배 쪽으로 다리를 집어넣으면 단단한 겉날개 외에는 개미에게 노출되는 부분이 없어지기 때문이에요.

무당벌레는 개미 같은 전사는 아니지만 자신을 보호하는 법을 잘 알아요. 밝은색과 대담한 무늬는 사람들이 보기에는 귀엽고 예쁘지만 곤충의 세계에서는, 아니 동물의 세계에서는 보통 경계심을 갖게 해요. 색이 화려한 개구리는 보통 독이 있고, 색이 화려한 뱀은 독사일 경우가 많아요. 곤충도 색이 밝으면 끔찍한 맛이 나는 경우가 많아요.

사람을 매혹하는 무당벌레의 화려한 모습은 천적들에게도 강렬한 인상을 남겨요. 지독한 맛이 나는 화학 물질을 몸에 잔뜩 지닌 무당벌레를 먹은 동물은 탈이 나요. 무당벌레의 몸에 있는 화학 물질은 무당벌레가 직접 만드는 것도 있지만 다양한 식물을 먹어 몸에 쌓아 둔 것도 있어요. 한번 무당벌레를 먹어 본 곤충, 새, 포유류 같은 식충 동물은 다시는 무당벌레를 먹지 않아요. 화려한 색과 점 때문에 무당벌레를 먹어 본 동물들은 무당벌레의 고약한 맛을 절대로 잊지 않아요. 그 뒤로는 무당벌레를 보면 멀리 피해 버리죠.

하지만 무당벌레처럼 맛이 지독하지도 않고 색도 화려하지 않은 딱정벌레가 많아요. 다윈은 딱정벌레들은 흥미로운 색이 많다는 사실을 관찰했어요. 무당벌레처럼 화려하지는 않지만 많은 딱정벌레가 보는 각도에 따라 색이 바뀌는 빛나는 외피를 두르고 있답니다. 멋진 외모를 뽐내고 싶은 대상이 전혀 없는 어두운 동굴에 사는 장님딱정벌레는 화려한 색을 띠지 않는다는 사실에 주목한 다윈은 딱정벌레가 화려한 색을 띠는 이유는 짝짓기 상대의 마음에 들기 위해서라는 결론을 내렸어요.

다윈은 여러 딱정벌레 수컷은 어째서 무기처럼 보이는 화려한 뿔을 가지고 있는지 궁금했어요. 아무리 관찰해도 수컷끼리 뿔을 가지고 싸우는 모습을 볼 수 없는데도 말이에요. 더구나 뿔이 없는 딱정벌레들도 싸우기는 했어요. 뿔이 있건 없건 간에 딱정벌레 수컷들은 암컷들에게 잘 보이려고 엄청난 노력을 하는 것 같았어요.

다윈이 관찰하고 그 이유를 제시한 이 가설은 엄청난 논란을 불러일으켰어요. 여성에게 남성을 선택할 힘이 있다는 생각을 하기 힘들었던 빅토리아 시대 영국에서는 특히 다윈의 주장을 받아들이려 하지 않았어요. 다윈은 생물은 생존을 위한 자연 선택의 결과로도 진화하지만, 딱정벌레나 몇몇 동물처럼 암컷을 즐겁게 하고 암컷에게 매력적으로 보이게 하는 것 외에는 다른 목적이 없어 보이는 쓸모없는 특징을 만드는 과정에서도 진화한다고 믿었어요. 물론 한 생물종이 생존하려면 수컷에게는 반드시 암컷의 시선을 끌 수 있는 매력이 필요해요. 다윈 이후로 딱정벌레나 특정한 몇몇 곤충뿐만 아니라 물고기, 포유류, 새들 중에서도 다른 성에게 잘 보이려는 특성을 발달시킨 동물들은 더 발견됐어요. 수컷 새가 암컷 새보다 훨씬 화려한 이유도 그 때문이에요.

위험을 감지하면 무당벌레는 다리에서 노란 액체를 분비해요. 냄새도 맛도 지독한 이 끔찍한 액체는 천적에게 가까이 다가오지 말라는 경고 신호예요. 사실 이 분비물은 무당벌레의 혈액인데, 위험을 감지하면 자동으로 분비되기 때문에 이 분비물이 분비되는 현상을 '반사 출혈 Reflex bleeding'이라고 불러요.

무당벌레는 자기 종과만 짝짓기를 해요. 과학자들은 무당벌레 등에 있는 무늬로 종을 구별하지만, 한 종에 여러 무늬가 있는 경우도 있기 때문에 무늬만으로는 무당벌레 종을 완벽하게 구별할 수는 없어요. 하지만 무당벌레처럼 예민한 후각 능력이 없기 때문에 과학자들로서는 그게 최선이에요. 무당벌레는 거의 대부분의 곤충처럼 더듬이로 냄새를 맡아 자기 종을 구별해요.

무당벌레 수컷은 계속해서 짝짓기할 상대를 찾아다니기 때문에 늘 좋은 냄새와 모습을 유지하려고 애써요. 암컷과 짝지기를 하려면 수컷들은 서로 경쟁해야 해요. 하지만 무당벌레는 암컷의 수가 훨씬 많기 때문에 수컷에게는 기회가 많아요.

먹이가 부족해지면 우리가 그다지 좋아하지 않는 무당벌레의 특징이 나타나요. 무당벌레끼리 서로 먹고 먹히는 거예요. 무당벌레는 다른 무당벌레의 지독한 맛이 나는 화학 물질에 크게 영향을 받지 않는 것이 분명해요. 같은 종을 잡아먹는 행동은 우리가 가장 좋아하는 진딧물을 먹는 무당벌레에게서 특히 자주 볼 수 있어요.

13. 무슨 쓸모가 있을까요?

 살충제가 발명되기 전에는 아주 오랫동안 무당벌레를 이용해, 농사를 망치는 해충을 잡았어요.

 몇백 년 동안이나 농부들은 레이디버그가 밭에 와 주기를 기도했지만 실제로 무당벌레를 이용해 진딧물을 잡기 시작한 건 1815년에 영국에서였어요. 대규모 상업 농사에서 무당벌레를 이용한 건 1888년의 일이고요. 1888년에 캘리포니아주는 오렌지 농사를 망치는 이세리아깍지벌레*Icerya purchasi*를 없애려고 오스트레일리아에서 무당벌레를 대량 들여왔어요. 작고 납작하고 다리가 여섯 개 달린 이세리아깍지벌레는 아주 작은 솜 방석을 등에 짊어지고 다니는 것처럼 보여요. 이 투박한 솜 방석은 사실 이세리아깍지벌레의 알주머니예요. 이 벌레는 나무를 먹는데, 특히 오렌지 나무를 좋아해요. 처음에는 오렌지 나무의 잎과 작은 가지를 먹지만 곧 큰 가지도 먹고 몸통도 먹어 치워요. 이세리아깍지벌레는 오렌지 열매에는 전혀 관심이 없지만, 나무를 먹어 치우기 때문에 결국 오렌지 나무는 죽고 말아요.

1868년과 1869년에 캘리포니아주 정부는 오스트레일리아에서 아카시나무를 수입해 왔어요. 아카시나무와 함께 이세리아깍지벌레를 들여온 것도 모르고 말이에요. 그 사실을 알아챘을 때는 너무 늦었어요. 이세리아깍지벌레가 이미 오렌지 나무를 찾아냈으니까요.

농부들은 이세리아깍지벌레가 붙은 나무를 모두 베어 버렸지만, 이 벌레는 감귤류가 있는 곳이라면 어디든지 옮겨 갔어요. 1888년에 캘리포니아주는 오스트레일리아에서 베달리아무당벌레*Rodalia cardinalis*를 수입해 왔어요. 검은 점이 있는 짙은 빨간색 베달리아무당벌레는 아카시나무에서 살아요. 우리가 보기에는 작고 예쁜 곤충이지만 이세리아깍지벌레에게는 무시무시한 천적이에요.

베달리아무당벌레는 빠른 속도로 번식했어요. 1888년 겨울에 캘리포니아주에서 수입한 베달리아무당벌레는 514마리였지만 6월 12일이 되자 무당벌레는 1만 555마리로 늘어났어요. 캘리포니아주 정부는 감귤 농장주 208명에게 무당벌레를 나누어 주었어요. 10월이 되자 이세리아깍지벌레 박멸 프로젝트를 시작한 로스앤젤레스에서는 오렌지 나무가 다시 건강해졌고 이세리아깍지벌레는 거의 사라졌어요.

이세리아깍지벌레 박멸 프로젝트에 들어간 비용은 1500달러였고, 1980년에 캘리포니아주의 오렌지 산업은 크게 성장했어요. 농사를 짓는 새로운 방식이 시작된 거예요. 원치 않게 증가한 생물의 수를 자연의 질서에 따른 방식으로 줄이는 이 방법을 '생물 방제Biological control'라고 해요. 캘리포니아주에서 들여온 무당벌레 514마리의 자손들은 전 세계로 퍼져 나갔어요. 이탈리아에서 들여간 세 마리는 크게 번식해 프랑스 과수원을 지키는 대규모 파수꾼이 되었어요. 캘리포니아주에서 번식한 무당벌레들의 자손들은 이집트, 사이프러스, 소련, 포르투갈, 푸에르토리코, 베네수엘라, 페루, 칠레, 하와이, 필리핀, 괌, 우루과이, 아르헨티나, 대만, 팔라우 등지로 건너가 큰 무리를 이루었어요. 베달리아무당벌레는 정말 다양한 기후에서 살아남아 사냥을 하고 번식했답니다.

생물 방제는 20세기 첫 50년 동안 큰 인기를 끌었어요. 흰목줄무당벌레Hippodamia convergens가 농사를 망치는 진딧물을 잡는 데 동원됐어요. 겨울에는 산속 계곡에서 번식을 시키고, 겨울잠이 들었을 때 포장해서 봄에 농부들에게 팔았어요. 하지만 흰목줄무당벌레는 베달리아무당벌레가 캘리포니아주에서 한 것 같은 성공을 거두지는 못했어요. 무자비한 무당벌레도 진딧물은 이세리아깍지벌레처럼 효과적으로 죽일 수가 없었어요. 진딧물이 무당벌레가 따라잡을 수 없을 정도로 빠른 속도로 번식했기 때문이에요.

20세기 후반이 되면 농부들은 생물 방제에 더는 확신을 갖지 못하게 돼요. 정교하고 환경친화적인 생물 방제는 훨씬 더 잔혹한 방제 방법으로 대체되고 말아요. 화학 방제를 선택하는 농부가 늘어난 거예요. 그러나 화학 방제는 의도하지 않았던 결과를 불러올 준비도 하고 있었어요. 일단 DDT를 사용하자 캘리포니아주 센트럴 밸리에 있는 농업 지

역에서 베달리아무당벌레가 거의 완전히 사라져 버렸어요. 당연히 누가 돌아왔을까요? 이세리아깍지벌레가 돌아와 캘리포니아주의 오렌지나무들을 죽이고 잎을 떨어뜨렸어요. 결국 농부들은 베달리아무당벌레를 한 마리에 1달러씩 주고 사 올 수밖에 없었어요.

무당벌레에게 힘든 시간은 그것으로 끝이 아니었어요. 작은 날개로 아주 짧은 거리만 날 수 있는 총채벌레가 캘리포니아주에 있는 오렌지 과수원으로 날아들었어요. 총채벌레는 식물의 즙을 빨아 먹는 작고 길쭉한 곤충이에요. 베달리아무당벌레는 총채벌레를 먹지 않아요. 농부들은 바이트로이드라는 화학 물질로 총채벌레를 잡았어요. 효과적으로 총채벌레를 잡는 바이트로이드는 제조사인 예이츠에 따르면 DDT와는 달리 독성이 낮은 물질이었어요. 하지만 그 주장에 무당벌레는 동의하지 않을 거예요. 많은 무당벌레가 바이트로이드 때문에 죽었으니까요.

베달리아무당벌레는 사라지고 있는 여러 무당벌레 가운데 하나일 뿐이에요. 이 세상에서 무당벌레의 개체 수는 점점 줄어들고 있어요. 여름에 산과 들로 나가도 무당벌레가 보이지 않는다는 사실을 알 수 있

을 거예요. 심지어 미국에서 가장 흔하게 볼 수 있었던 구점무당벌레 *Coccinella novemnotata*도 이제는 아주 희귀해졌어요. 두점무당벌레나 가로선무당벌레 같은 아메리카 대륙 토종 무당벌레들도 이제는 거의 보기 힘들어졌어요.

점이 아홉 개나 있는 구점무당벌레는 몸이 상당히 커요. 원래는 미국 동부 해안 지역과 캐나다 동남쪽 지역에서 흔히 볼 수 있는 무당벌레였지만, 1980년대에 변화가 생겼어요. 1990년대 초가 되면 두 지역 거의 대부분에서 구점무당벌레는 자취를 감추어요. 1986년 이후로 메릴랜드주에서는 구점무당벌레를 단 한 마리도 보지 못했어요. 1987년에는 펜실베이니아주에서 사라졌고, 1988년에는 델라웨어주에서 사라졌어요. 1990년대가 되면 구점무당벌레를 흔히 볼 수 있었던 여러 다른 주에서도 아주 적은 수만을 목격하거나 단 한 마리도 목격하지 못하게 돼요.

구점무당벌레는 감자, 자주개자리, 옥수수, 목화, 클로버, 대두 같은 다양한 농작물 밭에서 살면서 진딧물을 잡아먹기 때문에 구점무당벌레가 사라진 건 정말 심각한 일이에요.

그런데 구점무당벌레를 사라지게 한 범인이라고 생각되는 용의자 중에는 무당벌레도 있어요. 그 역시 진딧물을 잡아먹고 사는 유럽산 칠점무당벌레가 그 용의자예요.

꿀벌이 사라지는 문제는 광범위하게 연구하고 있으나 무당벌레가 사라지는 문제는 그다지 많은 연구가 이루어지지 않았어요. 코넬 대학교 연구팀이 이 문제를 연구하면서 무당벌레 애호가_{어린아이도 많았어요}에게 관찰한 내용을 기록해 달라고 부탁했어요. 꿀벌 연구가 그렇듯이 무당벌레 연구에서도 해답이 아니라 가설이 더 많아요.

가장 그럴듯한 가설은 칠점무당벌레 같은 외래종이 토종 무당벌레를 밀어냈다는 것이에요. 하지만 이 가설은 외래종도 줄어드는 이유를 설명하지 못해요.

무당벌레는 종마다 하는 일이 특별하기 때문에 많은 외래종을 들여왔어요. 무당벌레는 종에 따라서 식물의 특정 부위에서 특정한 일을 수행하기 때문에 다양한 무당벌레를 들여오면 훨씬 좋은 효과를 볼 수 있다고 생각한 거예요. 사실 무당벌레를 들여오는 일은 보통 종다양성에 이롭게 작용하지만 가끔은 두 종이 같은 공간과 먹이를 두고 경쟁을 벌일 수도 있어요. 1950년부터 1970년 사이에 많은 칠점무당벌레를 미국으로 들여왔어요. 그때부터 토종 무당벌레가 줄어들기 시작했어요. 20세기 초부터 미국의 많은 지역에서 들여온 아시아 무당벌레*Harmonia axyridis*도 토종 무당벌레를 몰아내는 용의자로 지목받고 있어요.

물 부족 현상도 무당벌레가 사라지는 이유일 수 있어요. 무당벌레는 수분이 많은 환경에서 살아야 해요. 하지만 기후 변화 때문에 무당벌레의 서식지 특히 캘리포니아주의 많은 지역가 훨씬 건조해지고 있어요.

물론 살충제는 언제나 유력한 용의자예요. 원치 않는 해충을 없애려고 사용하는 화학 물질은 우리에게 도움이 되는 익충도 죽일 수 있으니까요. 문제는 농지에서 사라지는 무당벌레가 많을수록 농부들은 화학 물질을 더 많이 쓴다는 거예요.

14. 찢어지는 마음

    이 세상에서 반딧불이가 사라지면 너무나도 마음이 아플 거예요. 딱정벌레목에 속하는 반딧불이는 아주 독특한 곤충이에요. 반딧불이를 이용한 관광 산업이 호황을 누리는 것도 그 때문이에요.

    해마다 9만 명이나 되는 관광객이 반딧불이를 보려고 대만을 찾아요. 말레이시아에는 밤에 펼쳐지는 장관을 보려고 해마다 8만 명이 넘는 관광객이 찾아와요. 미국에서는 6월이면 밤하늘에 반짝이는 빛을 보려고 3만 명이나 되는 관광객이 그레이트스모키산맥으로 모여들어요.

    생긴 모습만 보면 반딧불이는 특별한 매력이 거의 없는 지극히 평범한 딱정벌레처럼 보여요. 하지만 반딧불잇과에 속하는 반딧불이들에게는 생물발광Bioluminescence이라는 독특한 능력이 있어요. 배 밑에서 만드는 광물질로 스스로 빛을 내는 거예요. 반딧불이가 딱정벌레라는 사실은 두 쌍이 있는 날개를 보면 알 수 있어요. 단단한 외피인 반딧불이의 겉날개는 노처럼 생겼어요. 외피 밑에는 실제로 날아다니는 데 사용하는 속날개가 있어요. 무당벌레처럼 반딧불이의 겉날개도 완벽하게 서로 맞닿아 있기 때문에 날지 않을 때는 한 개로 이루어진 껍데기처럼 보여요. 하지만 무당벌레와는 다르게 반딧불이의 겉날개는 짙은 갈색이거나 회색이에요. 외피에는 노란색이나 빨간색 줄이 있기도 해요. 날씬하고 납작한 반딧불이는 곤충들 대부분처럼 겹눈이 있어요.

'반딧불이'는 글로웜, 빛버그, 촛불파리, 파이어버그처럼 이름이 많아요. 하지만 대부분 잘못된 이름이에요. 반딧불이는 파리도 아니고 버그도 아니에요. 웜도 아니에요. 게다가 '글로웜'은 반딧불이처럼 생물발광을 하지만 전적으로 다른 곤충의 이름이기도 해요. 여러 가지 잘못된 이름으로 불리고는 있지만, 어떤 이름으로 불리건 간에 사람들은 반딧불이를 정말 사랑해요.

반딧불잇과 곤충은 2000종 정도가 알려져 있는데, 그 가운데 절반 정도가 북아메리카 대륙에서 살아요. 습지에서 살면서 꽃의 넥타를 먹거나 식물을 먹는 부드러운 곤충을 먹고 살아요. 그래서 농부들은 화려한 빛 쇼로 사람들의 사랑을 받는 반딧불이의 또 다른 진가를 알고 있어요. 반딧불이 2000종의 공동 조상은 1억 5천 년 전 쥐라기 공룡들이 살았던 시대에 살았어요. 그러니까 반딧불이는 바퀴만큼 지구에서 오랫동안 살아온 곤충인 거예요. 쥐라기에 살던 반딧불이가 2600만 년 전에 호박에 갇혔기 때문에 우리는 그 반딧불이를 화석으로 확인할 수 있어요. 2600만 년 전에 살았던 고대 반딧불이도 지금 우리를 황홀하게 해 반딧불이는 가장 유명한 생물발광 생물이에요. 그 이유는 반딧불이가 보이는 흥미로운 발광 형태 때문일 수도 있고, 몸은 보이지 않고 그저 공중에서 황홀하게 움직이는 불빛만을 볼 수 있기 때문일 수도 있어요. 하지만 생물발광 현상은 자연에서는 흔히 볼 수 있어요. 네 개, 혹은 다섯 개 생물계에 속하는 11개 생물목에서 생물발광 현상이 나타나요. 여러 바다거미와, 갑각류, 다지류, 지네류, 심지어 파리도 생물발광 능력이 있어요. 많은 절지동물에게 생물발광 능력이 있는 거예요.

이런 동물들은 어떻게 빛을 낼까요? 그건 바로 루시페라아제 Luciferase라는 효소가 루시페린 Luciferin이라는 분자에 작용하기 때문이랍니다. 루시페라아제와 루시페린은 언제나 비슷한 물리 반응을 일으키지만, 두 물질의 화학조성은 동물마다 달라서 다양한 색의 빛이 나와요. 과학자들은 생물발광을 동물이 우연히 획득한 형질이라고 생각해요. 반딧불이 성체의 배에서 화학 작용으로 빛을 만드는 세포는 발광 세포 Photocyte, 또는 빛 세포라고 불러요. 발광 세포는 렌즈 역할을 하는 투명한 바깥 세포와 요산 결정으로 채워져 있어 반사판 역할을 하는 안쪽 세포 사이에 놓여 있어요. 반딧불이의 배에 자연이 만든 손전등 같은 발광 기관이 있는 건 모두 그런 세포 구조 덕분이에요.

다른 효소를 이용해 빛을 내는 동물들도 있어요. 박테리아도 빛을 낼 수 있어요. 균류도 적어도 80종은 에메랄드색 녹색 빛을 낸다고 알려져 있어요. 쿠키커터 상어 같은 심해 생물도 빛을 내는 경우가 많아요. 쿠키커터 상어는 빛을 내 먹이를 유인한다고 해요. 아귀도 빛을 내지만, 사실 아귀는 자신이 직접 빛을 내지는 않아요. 아귀는 자기 자신이 발광 생물이 아니라 빛을 내는 박테리아를 이용해 먹이를 유인하는 거예요. 오징어는 70종 정도가 빛을 낼 수 있고, 문어도 빛을 내는 종이 있어요. 작은 새우 같은 많은 갑각류가 빛을 내고, 홍합도 몇 종은 빛을 내요.

주는 현생 반딧불이와 놀라울 정도로 닮았어요. 한 곤충이 식물의 수액에 이끌려 왔다가 끈적한 맑은 찻물 색 액체에 갇힌 뒤에 호박이 되어 완벽한 형태로 보존된 건 우리에게는 정말 행운이에요.

진화하는 동안 유전자는 나쁜 생각을 하고 실수를 할 수 있지만 좋은 생각도 해요. 좋은 생각이 만든 결과는 자손에게 전달돼요. 나쁜 생각이 만든 결과도 어느 정도는 지속할 수 있지만 결국에는 사라져요. 하지만 좋은 생각이 만든 결과는 계속 살아남아요. 다윈은 좋은 생각과 나쁜 생각이 만드는 결과의 차이를 '자연 선택'이라고 불렀어요. 자연 선택은 생물에 나타난 변이 가운데 일부는 살아남고 나머지는 사라지는 현상을 가리키는 용어예요. 유전자의 좋은 생각은 그 종의 생존 가능성을 높여줘요.

사람속屬에는 호모 하빌리스, 털이 많았던 오스트랄로피테쿠스, 나칼리피테쿠스 같은 다양한 종이 있었지만, 우리 호모 사피엔스만이 우리 유전자가 남긴 유일한 생존자예요. 진화상 사람속에 속하는 우리의 친척 종들은 우리만큼 효율적으로 설계되지 못했기 때문에 사라질 수밖에 없었어요. 사람과이지만 사람속은 아닌 오랑우탄, 고릴라, 침팬지 같은 동물들도 적어도 지금까지는 훌륭하게 생존했어요. 하지만 진화가 성공을 향한 곧은 길이라고 생각하는 건 잘못이에요. 사람의 진화 나무에서는 많은 싹과 가지가 나왔다가 사라졌기 때문에 우리는 진화를 발달한 몇몇 생명체로 가는 좁은 길이라고 생각하는 경향이 있어요.

진화를 가지도 싹도 빈약하고 수직 방향이 아니라 수평 방향으로 빽빽하게 나 있는 촘촘한 관목 울타리라고 생각해 보세요. 그런 환경에서는 제대로 자라는 가지가 없을 거예요. 우리는 한 과科에 속하는 생물뿐 아니라 한 문門에 속하는 생물이 모두 진화에 성공하지 못하고 실패한 사례를 화석을 통해 알고 있어요. 하지만 가지에서 나는 싹이 많다면 성공할 수 있어요. 곤충의 세계가 바로 그런 예랍니다. 이 세상에 정말로 다양한 곤충이 존재하는 건 그 때문이에요. 이 세상에는 단 하나의 형태로 진화한 버그가 있는 것이 아니라 수많은 전략을 구사하는 수많은 곤충이 있어요. 곤충들이 만든 관계망은 너무나도 복잡해서 처음부터 진화를 다시 시작한다면 결코 지금과 같은 결과가 나오지 않을 거예요. 그 때문에 마치 진화는 변덕이 이끄는 것처럼 보여요. 하지만 다윈은 그럴 리가 없다고 생각했어요. 우리가 설사 그 이유를 알지 못한다고 해도 실험적인 변화 다윈은 이 변화를 변이라고 불렀어요가 일어나는 이유는 모두 진화적인 이유가 있기 때문이라고 믿었어요. 변이란 특별한 문제에 생물이 답한 결과라고 믿은 거예요.

생물발광은 성공임이 입증된 변이예요. 진화가 생물발광이라는 능력을 개발한 이유를 알아내기는 어려워요. 과학자들은 아주 먼 옛날에 한 유전자 서열이 우연히 복제되면서 반딧불이에게 생물발광 능력이 생겼다고 생각해요. 유전자 서열이 우연하게 복제되는 현상을 '유전자 중복 Gene duplication'이라고 해요. 유전자 중복이 일어났다는 것은 특별하게 배정받은 임무가 없어서 무슨 일이든 해 볼 수 있는 여분의 유전자 가닥이 생겼다는 뜻이에요. 한 효소가 돌연변이라고 하는 엉뚱한 변화를 일으켜 빛을 만들게 됐어요. 그런데 이 변화는 생물에게 유리하게 작용했어요. 어떤 반딧불이들은 빛을 내는 능력을 짝짓기에 유용하게 쓸 수 있음을 알았어요. 번식은 종의 생존에 아주 중요하기 때문에 짝짓기에 성공할 수 있는 능력은 무엇이든지 살아남아요. 빛을 내는 돌연변이를 일으킨 반딧불이들은 수가 많아졌고, 결국 가장 많은 개체가 되어 빛을 내는 특성은 반딧불이라면 누구나 갖는 형질이 되었어요.

다윈을 비롯한 많은 사람이 밤에 바닷물 표면을 가득 채우며 빛을 발산하는 작은 생명체들의 녹색 불빛에 매혹됐지만, 여름 밤하늘을 수놓는 수천 마리 반딧불이의 불빛처럼 우리 마음을 끄는 생물발광 현상은 없어요. 반딧불이가 펼치는 장관에 감동하는 이유는 반딧불이가 빛을 내는 이유 때문인지도 몰라요. 이 세상에는 결국은 잡아먹힐 먹이를 유인하려고 빛을 내는 동물도 있고, 포식자가 다가오지 못하게 경고하려고 빛을 내는 동물도 있어요. 하지만 반딧불이는 사랑을 위해 밤하늘을 아름답게 빛내죠. 사랑까지는 아니라고 해도 적어도 짝짓기 상대를 찾으려고 빛을 내는 거예요.

수컷 반딧불이는 암컷에게 뽐내려고 복잡한 패턴의 빛을 방출하는 것처럼 보이지만 어쩌면 수컷 반딧불이의 빛에는 암컷에게 보내는 신호 이상의 의미가 있는지도 몰라요. 반딧불이는 종마다 다른 빛 신호를 내보내요. 길게 빛을 내는 반딧불이도 있고 불타는 것처럼 강렬한 빛을 내는 반딧불이도 있어요. 재빨리 빛을 깜빡이는 반딧불이도 있고, 여러 형태의 빛을 내는 반딧불이도 있고, 날면서 그림을 그리듯이 빛을 내는 반딧불이도 있어요. 빠른 속도로 연속적으로 빛을 끄고 켤 수 있는 발광 생물은 반딧불이밖에 없어요. 사람은 반딧불이의 신호를 완벽하게 이해할 수는 없지만 암컷 반딧불이는 수컷의 신호를 정확하게 알아요.

짝짓기 상대를 찾으려고 비행하는 건 수컷이에요. 수컷이 신호를 보내면 암컷은 잠시 뒤에 대답해요. 암컷이 수컷의 신호에 늦게 반응하는 이유는 정확히 알 수 없지만, 기온에 따라 1초에서 4초 정도 지난 뒤에 대답을 해요. 암컷은 단 한 번만 빛을 깜박여서 수컷에게 신호를 보내요. 수컷이 종마다 다른 패턴으로 신호를 보내면 암컷은 단 한 마디로 대답하는 거예요.

암컷의 빛은 밝지 않아서 수컷은 더 크고 더 잘 보이는 눈을 갖는 쪽으로 진화했어요. 반딧불이들은 빛을 발산하는 형태로 자신의 종을 알아봐요. 몇 차례 대화가 오고 가면 수컷과 암컷은 서로 만나 짝짓기를 해요.

미국 동부에는 빛 공연으로 유명한 반딧불이가 몇 종 있는데, 그 반딧불이들을 보통 번개 버그 Lightning bug 라고 불러요. 그중에서도 가장 유명한 번개 버그는 북두칠성 Big Dipper 반딧불이 Photinus pyralis 예요. 아주 커다란 이 반딧불이는 빛으로 J 자를 쓰듯이 밑으로 쭉 내려갔다가 방향을 바꿔 위로 올라오는 비행을 해요. 주로 땅거미가 질 때 땅 가까이에서 날아다니는 북두칠성 반딧불이는 도시 가까운 지역의 주택 뒤뜰에서 쉽게 볼 수 있어요. 아이들이 많이 잡는 반딧불이가 바로 북두칠성 반딧불이예요.

유럽 반딧불이 가운데 가장 개체 수가 많은 종은 글로웜 반딧불이예요. 이 반딧불이의 암컷은 날개가 없는데, 빛을 내며 나무에 붙어 있어서 쉽게 볼 수 있어요. 암컷은 나무에 붙어서 수컷이 자신을 발견할 때까지 계속 빛을 내요. 글로웜 반딧불이 수컷은 날 수는 있으나 빛을 내지는 못해요. 수컷이 찾아올 때까지 암컷은 몇 시간이나 빛을 내고 있어야 해요. 수컷을 끌어들이려고 냄새를 방출하는 암컷도 있어요. 말 그대로 향수를 뿌리는 거예요. 전 세계 반딧불이 가운데 25% 정도가 글로웜 반딧불이예요. 유럽 반딧불이는 거의 대부분 글로웜 반딧불이이고, 아시아에도 글로웜 반딧불이는 많지만, 북아메리카 대륙에는 많지 않아요. 글로웜 반딧불이 수컷은 빛을 내지 않는다는 것 외에도 독특한 특성이 있어요. 밤이 아니라 낮에 날아다니는 거예요. 글로웜 반딧불이는 빛이 아니라 암컷이 내는 냄새로만 짝짓기 상대를 찾아낼 수 있어요.

　반딧불이의 발광 현상은 생애 여러 주기에 시작돼요. 가끔은 알이 빛을 낼 때도 있는데, 그 이유는 분명히 밝혀지지 않았어요. 알을 먹는 동물에게 겁을 줘 쫓아내기 위해서인지도 몰라요. 반딧불이 유충은 모두 빛을 낼 수 있어요. 이때 내는 빛은 짝짓기와는 전혀 관계가 없어요. 과학자들은 아마도 천적에게 경고를 하거나 먹이를 유인하려고 빛을 낸다고 생각해요. 많은 곤충처럼 반딧불이도 유충 때는 무시무시한 포식자예요. 번데기가 되기 전에 충분히 자라려면 되도록 먹이를 많이 먹어야 하기 때문이에요. 반딧불이 유충은 달팽이나 지렁이처럼 자기보다 훨씬 큰 동물을 먹어요. 반딧불이 유충의 턱은 날카롭고 강인한데, 치아처럼 생긴 아주 작은 관이 있어요. 이 관으로 반딧불이 유충은 먹잇

감 동물에게 독을 주입해 먹이를 마비시켜요. 반딧불이 유충은 땅이나 물에서 살기 때문에 쉽게 볼 수 없어요. 우리가 보지 못하는 곳에서 열심히 먹이 활동을 하고 있어요.

반딧불이 유충은 배 끝에 있는 두 지점에서 빛을 내요. 만지거나 귀찮게 하면 빛을 내죠. 반딧불이는 일생의 대부분을 유충 상태로 있다가 번데기 상태로 2주를 보내는데, 그동안 계속 빛을 내요. 번데기가 되어 성체로 변하는 동안 반딧불이는 종마다 발광 형태가 완전히 달라져요. 성충이 된 뒤에도 계속 빛을 내는 반딧불이가 있는가 하면 전혀 빛을 내지 않는 반딧불이도 있어요.

화려한 빛을 내면서 짝짓기를 하는 기간이 반딧불이의 생애에서는 아주 즐거운 시기처럼 보이지만, 성충이 되었다는 건 몇 주 뒤에는 죽어야 한다는 뜻이에요. 반딧불이는 죽기 전에 짝짓기를 해 자신의 유전자를 자손에게 전달하려고 필사적으로 노력해요. 심지어 반딧불이 성체는 먹지도 않아요. 그저 유충 때 저장해 둔 에너지를 쓰면서 몇 주를 버티는 거예요.

산업계도 반딧불이의 발광 현상을 이용해요. 살아 있는 유기체라면 ATP 아데노신 삼인산라는 분자를 이용해 화학 에너지를 운반하고 저장해요. 반딧불이의 발광 현상에서는 ATP가 빛을 만드는 촉매제로 작용합니다. 1960년대부터 식품 제조업자들은 루시페라아제와 루시페린을 이용해 음식을 검사하는 데 사용하고 있어요. 음식은 죽은 생물이고 ATP는 살아 있는 유기체에만 있기 때문에, 음식에 ATP가 존재한다는 건 살아 있는 박테리아가 번식하고 있다는 뜻이에요. 따라서 반딧불이의 화학 물질 루시페라아제와 루시페린을 음식 위에 놓았을 때 빛이 난다면 음식이 오염됐다는 뜻일 수 있어요. ATP가 많으면 많을수록 더 밝은 빛이 나요. 반딧불이의 빛을 보면 박테리아가 있음을 알 수 있을 뿐 아니라 얼마나 많은지도 알 수 있어요.

1990년대부터 과학자들은 반딧불이의 물질을 훨씬 정교하게 연구에 사용하는 방법을 알게 되었어요. 특히 유전학에서 반딧불이의 물질을 잘 이용하고 있고, 의학 분야에서도 반딧불이 물질을 활용하고 있어요. 루시페라아제는 ATP와 만나면 빛을 내고 ATP는 살아 있는 유기체라면 모두 들어 있기 때문에 생명체를 감지하는 데에도 루시페라아제를 사용해요. 살아 있는 세포를 감지하는 능력은 암이나 결핵 같은 질병을 연구할 때도 아주 소중하게 쓰여요. 당연히 다른 행성에서 생명체를 찾을 때도 루시페라아제로 생명체를 감지하는 기술을 이용할 수 있을 거예요.

반딧불이에게는 다른 딱정벌레들이 사용하는 방어 기술도 많아요. 지독한 냄새도 내고, 독성 물질도 만들고, 반사 출혈도 해요. 위협을 느끼면 반딧불이는 아주 자극적이고 지독한 냄새를 풍겨요. 반딧불이를 잡아 보려던 사람들은 그 냄새를 맡을 수 있었어요. 실제로 포식자에게 반딧불이는 너무나도 매력이 없는 먹잇감이기 때문에 방어 수단이 없는 많은 동물이 포식자들이 자신을 맛없는 반딧불이로 착각하도록 반딧불이의 모습을 흉내 냈어요. 반딧불이를 흉내 낸 동물들로는 당연히 딱정벌레도 있으나 딱정벌레하고는 전혀 상관이 없는 나방과 바퀴도 놀라울 정도로 반딧불이와 비슷한 모습을 흉내 내요.

이렇게 한 생물이 다른 생물의 모습을 흉내 내는 자연계의 생존 전략을 베이츠 의태Batesian mimicry라고 해요. 영국 생물학자이자 딱정벌레를 사랑했던 딱정벌레 수집가였고, 의태의 역할을 발견한 헨리 월터 베이츠1825~1892의 이름을 따서 지은 용어예요. 19세기 중반에 11년 동안 아마존을 탐사한 베이츠는 방어 기술이 없는 많은 생물종이 성공적인 방어 전략을 구사하는 생물종과 비슷한 모습을 띠는 방향으로 진화했음을 발견했어요. 방어 전략이 전혀 없는 곤충 가운데 반딧불이의 모습을 띤 곤충들은 수도 없이 많았어요. 포식자들은 대부분 반딧불이 흉내를 내는 곤충들을 먹지 않고 그냥 지나갔어요. 그 곤충들도 반딧불이처럼 맛이 지독하리라고 생각한 거예요. 물론 반딧불이를 한 번도 먹은 적이 없는 포식자들은 주저하지 않고 반딧불이를 흉내 내는 곤충들을 먹었어요. 진짜 반딧불이를 먹고 혼이 나기 전까지는 말이에요.

15. 불이 꺼지면

 반딧불이는 여러 생존 전략을 구사하는 강한 생물이지만, 전 세계 반딧불이 개체 수는 너무나도 빠르게 줄어들고 있어요. 이 세상 많은 곤충이 그렇듯이 반딧불이 개체 수가 줄어드는 가장 큰 이유 가운데 하나는 서식지 파괴예요. 반딧불이는 풀에서 살지만, 사는 내내 근처에 물이 있어야 해요. 반딧불이가 살아가려면 방해받지 않고 살 수 있는 강가의 풀숲, 호숫가, 잘 보존된 습지가 필요해요.

 반딧불이는 여행을 다니는 곤충이 아니에요. 서식지가 파괴되어도 더 좋은 장소로 옮겨 가지 않아요. 그저 태어난 장소에서 살면서 짝짓기를 해요. 반딧불이의 자손이라면 모두 다 그럴 거예요. 이런 특성은 유전자 설계에 결함이 있다는 뜻이에요. 끊임없이 건물을 짓는 사람의 세상에서는 살아가기 힘들게 유전자가 설계되었다는 뜻이에요. 반딧불이를 보고 싶은 사람들을 위해 만들어진 산업인 반딧불이 관광업은 반딧불이의 삶을 크게 위협했어요. 몰려오는 수많은 관광객도 문제였지만, 관광객을 위해 지은 호텔과 식당도 반딧불이의 서식지를 크게 파괴했어요.

반딧불이의 서식지를 파괴하는 건 관광업만이 아니에요. 말레이시아에서는 바다로 이어지는 세랑고르강 강가를 중심으로 반딧불이 관광 산업이 발달했어요. 그런데 최근 몇 년 동안 그곳에 서식하던 반딧불이 수가 크게 줄어들었어요. 이 강가에서 반딧불이가 사라지는 가장 큰 이유는 관광업 때문이 아니에요. 그곳에 가 본 적이 있는 사람이라면 한때 맹그로브가 무성하게 자라던 곳이 이제는 야자유_{야자기름} 농장으로 바뀌었다는 것을 알 수 있을 거예요. 야자나무를 심지 않은 곳에는 새우 양식장이 들어섰어요. 야자유와 새우는 말레이시아 경제를 지탱하는 주요 수출품이에요. 하지만 그 때문에 반딧불이는 살아갈 수 없는 곳으로 바뀐 거예요. 반딧불이는 다른 서식지로 옮겨 가는 생물이 아니기 때문에 서식지가 파괴되면 결국 죽을 수밖에 없어요.

2013년에 중국은 관광객을 유치하려고 산둥성에 반딧불이 1만 마리를 들여왔어요. 그러나 중국 정부는 반딧불이에 관한 아주 중요한 사실을 생각하지 않았어요. 반딧불이는 서식지를 바꾸지 않는다는 사실 말이에요. 결국 산둥성에서 들여간 반딧불이는 모두 죽고 말았어요.

이 세상에는 지구를 해치는 또 다른 오염이 있어요. 어쩌면 그 오염에 관해 들어 본 적이 없을지도 모르겠어요. 그 오염은 '빛 공해 Light pollution'라고 불러요. 반딧불이 서식지에 조명을 켜 두면, 반딧불이 암컷

3부 딱정벌레 **125**

이 아무리 용감하게 빛을 낸다 한들 수컷은 암컷을 찾아내지 못할 거예요. 수컷과 암컷이 만나지 못한다면 짝짓기도 할 수 없어요. 반딧불이 수컷이 암컷을 찾지 못하는 이유는 인공조명 때문에 빛 신호를 혼동하기 때문일 수도 있고, 너무 밝은 빛 때문에 앞을 제대로 보지 못하기 때문일 수도 있어요. 반딧불이는 서식지를 옮기지 않기 때문에 특히 빛을 잘 내는 반딧불이 개체군이 다음 세대를 낳지 못한다면 결국 그 개체군은 사라지고 말 거예요.

인공조명 때문에 시각에 방해를 받는 존재는 반딧불이만이 아니에요. 1960년대에 천문학자들은 빛 공해 때문에 하늘을 제대로 관찰할 수 없다며 분통을 터트리기 시작했어요. 빛 공해를 연구하는 과학자들은 진짜 어두운 하늘을 한 번도 보지 못한 사람이 전체 세계 인구의 80%임을 알게 됐어요. 아마존 열대우림이나 알래스카 북부 마을, 중동 지역의 사막처럼 정말로 어두운 밤하늘을 볼 수 있는 드문 지역에 가면 별로 가득 찬 너무나도 멋진 밤하늘에서 눈을 떼지 못할 거예요. 진짜 어둠을 볼 수 없는 세상에서 절대로 진짜 밤하늘을 보지 못하는 채로 살아가는 상황을 우리 스스로는 허용한다고 해도 반딧불이는 그런 세상에서는 살 수 없어요. 부엉이, 거북, 개구리 같은 많은 동물 역시 밝아진 세상이 혼란스러울 거예요.

반딧불이가 처한 문제는 또 있어요. 사람들이 상업적인 목적으로, 또는 그저 취미로 반딧불이를 수집한다는 거예요. 20세기에 미국에서는 루시페라아제가 필요한 회사와 연구소에서 아이들에게 돈을 주고 반딧불이를 잡아 오게 했어요.

1947년에 볼티모어 존스홉킨스 대학교의 서른 살 연구원 윌리엄 데이비드 매켈로이 1917~99는 생물발광 현상의 수수께끼를 풀려고 애쓰고 있었어요. 매켈로이는 신문에 대학교로 반딧불이를 잡아 오는 아이들에게는 반딧불이 100마리당 25센트를 주겠다는 광고를 냈어요. 가장 많이 잡아 오는 아이에게는 10달러를 보너스로 주겠다는 내용도 함께 실었어요. 첫해에 아이들은 반딧불이를 4만 마리 잡아 왔고, 모건 버처라는 열 살 아이가 10달러를 보너스로 받았어요.

점점 더 많은 볼티모어 아이들이 반딧불이 거래에 참여했고, 매켈로이가 생물에 새로운 기술을 적용한 생물공학의 선구자임을 인정받게 된 뒤로는 반딧불이 거래를 반대하는 사람도 거의 없어졌어요. 그러나 1960년대가 되어 매켈로이가 잡아들인 반딧불이가 거의 1백만 마리가 되자 사람들은 반딧불이를 그렇게 많이 잡는 것이 과연 현명한지 의문을 품게 됐어요. 지역 신문인 《이브닝 선》은 "볼티모어에서 반딧불이의 삶은 위험하면서도 귀중한 것이 되어 버렸다"라고 썼어요. 매켈로이는 신문사에 자신이 연구에 사용하는 반딧불이는 모두 수컷이고 암컷은 자연에 남아서 알을 낳고 있다고 대답했어요. 매켈로이의 주장은 사실인지도 몰라요. 볼티모어에서 반딧불이 개체군이 완전히 사라진 적은 없으니까요. 그러나 전국적으로 반딧불이를 연구하는 사람들이 매켈로이와 같은 방법을 썼기 때문에 결국 매켈로이는 반딧불이 전체 개체군 감소에 기여했을 수도 있어요.

1961년, 존스홉킨스 대학교 과학자들은 루시페린을 합성하는 방법을 알아냈어요. 그 때문에 반딧불이의 삶은 더욱 힘들어졌어요. 루시페린을 만들려면 여전히 루시페라아제가 필요했기 때문이에요. 더구나 루시페린을 많이 만들려면 루시페라아제가 훨씬 많이 필요했어요. 루시페라아제를 판매하고 싶었던 세인트루이스의 화학 제조회사 시그마는 미국 전역에 반딧불이 수집가들에게 반딧불이를 잡아 와 달라고 광고했어요. 보이스카우트, 과학 동아리, 교회 모임에도 반딧불이를 잡아 달라고 부탁했어요. 시그마는 반딧불이 100마리당 50센트를 지급했고, 20만 마리 이상을 보내는 사람에게는 20달러를 보너스로 주었어요. 그런 상황을 걱정한 반딧불이 전문가 사라 루이스는 해마다 아이오와주에서 100만 마리나 되는 반딧불이를 커다란 그물망에 집어넣어 픽업트럭에 싣고 오는 여성을 가리켜 '번개 버그 숙녀'라고 불렀어요. 1979년이 되면 시그마는 100마리당 1달러를 지급했고, 1980년대가 되면 해마다 전국에서 300만 마리가 넘는 반딧불이가 시그마로 왔어요.

1985년에 과학자들이 루시페라아제를 합성하는 방법을 알게 되면서 대규모 반딧불이 학살은 멈출 수 있었어요. 이제는 반딧불이가 전혀 없어도 루시페린을 만들 수 있어요. 하지만 지금도 여전히 아이들에게 반딧불이를 잡아 오게 해서 제품을 만드는 작은 회사들이 있어요. 시그마가 반딧불이 개체군에 얼마나 많은 피해를 주었는지는 알 수 없지만 지금도 반딧불이를 대량으로 수집하는 사람들은 사라지지 않았고, 그 때문에 반딧불이는 위험에 처해 있어요.

반딧불이도 다른 곤충들처럼 당연히 살충제의 위협도 받고 있어요.

농업보다도 부동산이 반딧불이의 서식지를 더 많이 빼앗는다는 사실도 좋은 소식은 아니에요. 농부들도 살충제를 뿌려 반딧불이를 위험하게 만들 때가 많지만 그보다는 주택 잔디밭을 가꾸는 사람들과 산업계가 반딧불이를 훨씬 위험하게 해요. 농부들은 농작물에 피해를 주는 곤충을 없애려고 살충제를 뿌려요. 하지만 그런 의도가 언제나 성공하는 건 아니고, 생각지도 못한 독성이 다른 피해를 줄 수도 있어요. 그에 반해 정원에 뿌리는 살충제는 정원에 사는 거의 모든 곤충을 죽여요. 당연히 반딧불이도 죽여요. 죽지 않고 살아남는다고 해도 먹이가 될 곤충이 하나도 남아 있지 않을 거예요. 반딧불이는 서식지를 옮기면 살 수 없다는 사실, 기억하죠?

20세기에 일본에서는 반딧불이가 거의 사라졌어요.

일본은 여러 종의 반딧불이가 살아가던 좋은 서식지였어요. 특히 유충 시기에는 강이나 개울, 습지 같은 곳에서 물속 생활을 해야 하는 반딧불이들에게는 살기 좋은 서식지였어요. 일본에 많은 논도 반딧불이에게는 좋은 서식지였고요.

반딧불이 잡기는 17세기 일본 아이들에게는 좋은 놀이였어요. 심지어 반딧불이를 잡을 때 부르는 동요까지 있을 정도였죠. 일본 도자기는 반딧불이로 장식할 때가 많았고, 일본의 옛 시에서도 반딧불이는 자주 등장하는 소재였어요.

20세기가 되면서 별로 대수롭지 않던 아이들의 놀이는 어른들의 산업이 되어 버렸어요. 밤이면 반딧불이를 수천 마리씩 잡아서 젖은 풀을 넣은 작은 케이지에 넣고 도시에 가서 팔았어요. 그렇게 잡은 반딧불이를 호텔 뜰에 풀거나 손님들을 즐겁게 하려고 식당에 풀었어요. 일본에서는 반딧불이를 잡는 전통이 너무나도 인기를 끌어서 결국 1940년대 초가 되면 반딧불이 개체 수가 크게 줄어들어요. 더구나 강가에 공장이 생기면서 발생한 오염 때문에 반딧불이의 삶은 더욱 힘들어졌어요. 반딧불이 서식지가 독성 물질에 오염된 거예요.

반딧불이 잡기는 특정 지역에서만 일어나는 일이 아니에요. 남아메리카 대륙에는 철로벌레Railroad worm라고 부르는 날개 없는 반딧불이가 있어요. 이 반딧불이는 머리 앞에 빨간색 불빛을 내는 부분이 한 곳 있고, 긴 몸의 양옆으로는 녹색 불빛을 내는 부분이 각각 열한 곳씩 있어요. 사람들은 철로벌레를 잡아서 대나무나 진흙으로 만든 케이지에 넣고 등처럼 매달아요. 파나마에는 반딧불이는 아니지만 반딧불이처럼 빛을 내는 곤충이 있는데, 아주 밝은 빛을 내기 때문에 몇 마리 잡아서 병에 넣고 독서등처럼 사용해요. 파나마에는 또 그 곤충을 그물망에 집어넣고 머리에 써서 장식품으로 활용하는 여성들도 있어요.

자신들이 사랑하는 반딧불이의 개체 수가 줄어들자 일본 사람들은 반딧불이 산업으로 수익을 올릴 독창적인 방법을 찾아냈어요. 반딧불이의 상업적 가치는 여전히 상당했기 때문에 반딧불이 사냥꾼들은 반딧불이를 기르는 사람으로 탈바꿈했어요. 일본 사람들은 새로운 번식 기술로 줄어들던 반딧불이 개체 수를 늘렸어요. 유충을 먹이는 법도 알아내고, 암컷이 알을 낳을 이끼를 기르는 방법도 익혔어요.

일본 사람들은 정말로 반딧불이 전문가가 되었어요. 1970년대에 반딧불이 개체 수가 다시 줄어들기 시작하자 이번에는 반딧불이의 서식지를 복원하는 기술도 개발했어요. 일본 사람들은 반딧불이의 개체 수를 20세기 이전으로 되돌릴 수는 없었지만 그래도 상당히 많은 수를 늘리는 데 성공했고, 지금도 여전히 멋진 반딧불이 축제를 즐기고 있어요.

현재 반딧불이는 여름이 시작됐음을 알리는 오래된 문화적 상징 이

상의 의미를 띠고 있어요. 반딧불이는 환경 구조의 상징이 되고 있어요. 우리는 지금도 현재 상황을 바꾸고 과거로 돌아가 환경을 다시 살릴 수 있어요. 환경을 살리는 일은 정말로 자랑스러운 일이에요.

우리에게는 환경을 살린 성공 사례가 더 많이 필요해요.

무당벌레와 반딧불이 외에도 많은 딱정벌레가 사라지고 있어요. 현대 세상은 딱정벌레에게는 잘 맞지 않는 세상인지도 몰라요. 다른 딱정벌레들은 유명하지도 않고 인기가 많지도 않으나 딱정벌레 한 종이 사라지면 다른 종의 생존도 위협을 받아요.

오론 길앞잡이도 멸종 위기종이에요. 전 세계에 길앞잡이는 2000종이 있는데, 미국에는 100종만이 살고 있어요. 턱이 아주 강력한 길앞잡이는 엄청난 사냥꾼이에요. 식물을 먹는 작은 곤충을 엄청나게 많이 먹기 때문에 농부들이 정말 아끼는 곤충이에요.

오론 길앞잡이는 캘리포니아주 산타크루스 카운티에서 살아요. 집과 도로가 자연 서식지를 밀어내고 있는 곳이에요. 적절한 환경에서는 이 밝은 청록색 딱정벌레는 왕성한 식욕을 자랑해요. 오론 길앞잡이는 1987년에 산타크루스 카운티에서만 발견했기 때문에 실제로 얼마나 넓은 지역에서 사는지는 알려져 있지 않아요. 길앞잡이는 식토_{점토 함량이 40% 이상이고 모래가 45% 이하, 미세 모래가 40% 이하인 토양—옮긴이}에서 토종 식물이 자라는 풀밭에서만 살아요. 따라서 토종 식물이 자라는 풀밭에 건물을 세우면 길앞잡이는 살 수 없어요. 지표면을 흐르는 물에 다량 섞여 있는 살충제도 길앞잡이의 생존을 위협하고 있어요. 살충제를 뿌린 밭에 비가 내리면

빗물을 타고 살충제가 강이나 시내로 흘러 들어가요.

허먼산 유월 딱정벌레도 산타크루스에 서식하는 또 다른 멸종 위기종이에요. 허먼산 유월 딱정벌레는 1년에서 4년 정도 사는데, 생애 거의 대부분을 유충 단계로 나무뿌리가 있는 지하에서 보내요. 성체가 되면 날 수 있을 정도로 몸집이 커지는 암컷과 달리 작은 수컷은 땅 가까이 날면서 짝짓기 상대를 찾아요. 이들은 밤에 1시간 정도 이런 일을 하고 나머지 시간은 모래 속에 몸을 숨겨요. 이들은 여름에만 밖으로 나오기 때문에 유월 벌레라고 불러요. 주택을 짓고 모래를 채취하느라 길앞잡이의 서식지를 60% 정도 파괴했다고 추정하고 있는데, 실제로 길앞잡이는 현재 정말 보기가 힘들어요. 길앞잡이의 서식지를 사들여 보호구역으로 만들려는 시도는 있으나 길앞잡이의 서식지는 대부분 사유지로 그 누구도 보호하고 있지 않아요.

1987년에는 텍사스주에서 드리오피드 딱정벌레를 발견했어요. 1992년에 과학자들은 이 딱정벌레가 그때까지 발견하지 못했던 새로운 속의 동물이라는 결론을 내렸어요. 이 딱정벌레의 학명은 'Stygoparnus comalensis'가 되었어요. 드리오피드 딱정벌레도 발견된 지 얼마 되지 않았는데, 이미 멸종 위기 동물이에요. 이 딱정벌레는 물에서 살지만 헤엄을 치지는 못해요. 한때는 넓은 지역에서 살았으나 지금은 텍사스주에 있는 천연 담수 샘인 코말 스프링스에서만 살아요. 드리오피드 딱정벌레는 오염되지 않은, 흐르는 물에서만 살 수 있기 때문이에요.

기온이 일정한 동굴에서만 살기 때문에 텍사스주에 있는 두 동굴에서만 살아가는 딱정벌레 Mold beetle 도 있어요.

　미국송장벌레 Nicrophorus americanus 는 로드아일랜드를 상징하는 곤충이에요. 검은색과 주황색, 빨간색이 적절하게 섞인 멋진 미국송장벌레는 동물의 사체를 먹고 살고, 딱정벌레로서는 드물게 부부가 육아에도 함께 정성을 쏟아요. 1989년에 미국송장벌레는 멸종 위기종 목록에 올랐지만, 2015년에 오클라호마주 석유·가스 산업계는 미국송장벌레를 멸종 위기종 목록에서 빼려고 애썼어요.

　산업계는 멸종 위기에 처한 생물을 보호하는 일을 방해할 때가 많아요. 산업계는 작은 곤충 한 종은 사소한 일이지만 에너지를 생산하는 산업은 아주 큰 일이라고 주장해요. 그러나 다시 생각해 봐야 해요. 자연계를 구하는 일은, 자연계를 이루는 모든 생물종을 보호하는 일은 아주 큰 일이에요. 오히려 기후 변화에 책임이 있는 석유 산업계야말로 보존할 가치가 그리 많지 않을 수도 있어요. 미국송장벌레는 지금도 멸종 위기종 목록에 올라 있고 보호받고 있어요.

　원래 미국송장벌레는 미국의 서른다섯 개 주와 캐나다의 세 개 주에 살았으나 지금은 미국에서는 다섯 개 주, 캐나다에서는 온타리오주에만 살고 있어요. 살충제 때문에 미국송장벌레가 사라졌다고 생각하기도 하지만, 사실 미국송장벌레는 DDT가 발명되기 전부터 점차 사라지고 있었어요. 과학자들은 새와 야생 포유류의 수가 줄어 미국송장벌레의 먹이가 될 사체가 사라지고 있다는 것이 가장 큰 이유일 거라고 생각하고 있어요.

생물학자들은 미국송장벌레가 멸종하지 않도록 실험실에서 개체 수를 늘린 미국송장벌레를 매사추세츠주의 페니키스섬과 낸터킷섬에 풀어놓았어요. 생물학자들은 해마다 두 섬으로 가서 미국송장벌레 개체군이 살아남아 개체 수를 늘리고 있는지 확인도 하고요. 그런 연구 덕분에 멸종 위기종도 되살릴 수도 있다는 희망을 품을 수 있어요.

4부

나비

16. 아름다운 인시목

 흔히 사람들은 나비가 나방보다 훨씬 중요하다고 생각해요. 그건 우리가 우리 감정을 앞세워 자연을 이해한다는 사실을 분명하게 보여 주는 예입니다. 이 세상 그 어떤 생물종보다도 사람은 우리가 아름답다고 느끼는 대상을 편애하는 경향이 강해요. 나비목이라는 이름으로 더 많이 불리는 인시목 나비나 나방류를 포함하는 곤충강의 한 목—옮긴이 에는 실제로 나비보다는 나방이 열 배는 더 많아요. 진화의 역사에서 나비는 나방보다 늦게 나타났어요. 나방이 진화해 나비가 됐죠. 나방은 주로 밤에 식물의 수분을 돕기 때문에 자연은 나방에게 화려한 옷을 입혀 줄 이유가 없었어요. 밤에는 나방을 볼 수 있는 생명체가 많지 않으니까요.

 물론 낮에 활동하는 나방도 있어요. 그런 나방들은 밤에 활동하는 나방보다는 조금 더 다채로운 색을 띠고 있어요. 나비는 낮에 식물의 수분을 돕기 때문에 나비를 볼 수 있는 생명체는 많아요. 화려한 색과 무늬가 있는 나비는 구경꾼을 실망시키지 않아요.

나비는 새보다 훨씬 많아요. 나비는 1만 5000종이 있지만, 새는 9000종 정도 있어요. 물론 지금까지 사람들이 발견한 종이 그렇다는 뜻이란 사실, 잊으면 안 돼요! 그래도 분명히 이 세상에서 날아다니는 나비가 새보다는 개체 수가 더 많을 거예요. 100% 옳다고 할 수는 없으나 그래도 상당한 확신을 가지고 자연의 법칙을 생각해 보면 당연히 새보다는 나비가 더 많아야 해요. 이 세상에는 작은 동물의 개체 수가 더 많아야 하니까요. 건강한 생태계라면 코끼리보다는 개미가 훨씬 많아야 해요.

나비는 다양한 기후에 적응해서 살아요. 북극에서도 사막에서도 온대 숲에서도 초원에서도 나비를 볼 수 있어요. 하지만 나비가 가장 많이 사는 곳은 열대우림이에요. 나비는 물과 열기를 좋아하거든요. 고위도 지방의 기후에서 사는 나비는 날개를 활짝 펴고 햇살을 받으며 온몸으로 태양열을 흡수할 때가 많아요. 여름이면 북쪽으로 이동하는 제왕나비도 그런 나비예요. 사막에 사는 나비는 한낮에는 바위 밑에 숨어 있다가 해가 지면 밖으로 나와요. 낮에 물웅덩이에서 물을 마시는 나비도 볼 수 있어요.

지구에 사는 나비 가운데 3분의 2 정도는 열대우림에서 살고 있다고 추정하고 있어요. 아직 분류하지 못한 나비는 수천 종이 넘기 때문에 지구에 정확히 얼마나 많은 나비 종이 있는지는 알지 못해요. 지금까지는 브라질 열대우림에서만 2000종에 이르는 나비를 발견했어요.

나비는 진화가 얼마나 다양한 선택을 하는지를 보여 주는 또 다른 예랍니다. 수많은 모양과 크기로 진화했기 때문에 나비는 성공적으로 생존할 수 있었어요. 이 세상에서 가장 큰 나비는 날개를 펼친 길이가 28㎝나 되는 퀸알렉산드라 버드윙 나비예요. 하지만 펼친 날개 길이가 2.5㎝도 안 되는 나비도 있어요.

사람은 아름다운 색과 무늬, 다양한 형태 때문에 나비를 사랑해요. 그래서 많은 사람이 나비를 모으죠. 하지만 자연은 사람이 즐거워하라고 다른 생명체를 아름답게 만드는 것이 아니에요. 암컷의 관심을 끌려고 아름다운 모습으로 진화한 나비들도 있어요. 암컷 퀸알렉산드라 버드윙 나비는 단조로운 갈색이지만 암컷을 유혹해야 하는 수컷은 사랑스러운 하늘색, 연보라색, 남색 무늬를 띠고 있어요.

나비의 무늬는 나비가 살아가는 지역의 기후가 결정할 때가 많아요. 추운 지방에서 사는 나비의 날개는 보통 어두운색이에요. 어두운색이 열을 더 빨리 흡수할 수 있기 때문이에요. 그에 반해서 더운 곳에서 사는 나비의 날개는 열을 반사해야 하기 때문에 밝은색이에요. 사람이 겨울에는 어두운색 옷을 입고 여름에는 밝은색 옷을 입는 것처럼요.

온도 조절 외에도 나비의 날개는 다양한 생존 전략을 구사해요. 날개에 둥근 점이 있는 나비가 많아요. 그 점은 마치 동물의 눈, 즉 곤충의 겹눈이 아니라 무서운 포유동물의 동공을 닮은 눈처럼 보여요. 부엉이나비의 날개에는 부엉이의 눈 같은 점이 있어요. 털박각시 *Acherontia atropos*의 날개에서는 죽은 사람의 얼굴이 뚜렷하게 보여요.

나비 날개의 무늬는 포식자에게 겁을 줘서 쫓아내는 역할도 해요. 새

들에게 먹음직하게 보여서 새들이 치명적인 몸통 대신에 덜 상처를 입는 날개를 쪼개 만드는 무늬도 있어요. 제왕나비의 날개 가장자리는 몸통과 정확히 똑같이 생겨서 새들이 날개 끝부분을 몸통으로 착각하고 쪼는 경우도 많아요. 북아메리카 대륙에 처음 도착한 유럽 사람들은 한 나비를 보고 검은색과 주황색이 섞인 오렌지공 윌리엄의 깃발을 떠올렸어요. 오렌지공 윌리엄은 바로 영국의 윌리엄 3세 왕이에요. 그래서 사람들은 그 나비에게 제왕나비라는 이름을 붙여 주었어요.

무당벌레처럼 제왕나비도 맛이 지독해요. 제왕나비는 박주가릿과 식물인 밀크위드를 먹어요. 그 때문에 제왕나비를 먹는 새는 카르데놀라이드Cardenolide라는 독성 물질을 먹게 돼요. 독이 해독된 뒤에는 그 새는 다시는 제왕나비를 먹지 않는답니다. 우리가 매력적으로 느끼는 제왕나비의 화려한 색은 사실 포식자에게 보내는 경고 신호인 셈이에요. 지독한 맛이 나는 나비를 먹은 포식자는 그 나비의 색을 기억해 두었다가 그런 나비를 보면 그저 피해 버려요.

나비의 세계에서도 반딧불이의 세계에서 보았던 베이츠 의태를 볼 수 있어요. 제왕나비가 사는 지역에서는 총독나비나 여왕나비처럼 제왕나비를 흉내 낸 다른 나비들을 볼 수 있어요. 총독나비와 여왕나비는 제왕나비와 달리 맛이 지독한 나비는 아니에요. 사실은 포식자들이 좋아할 아주 맛있는 먹잇감이에요. 그러나 제왕나비에게 혼이 난 새들은 아무리 배가 고파도 제왕나비를 닮은 나비는 먹지 않아요. 총독은 제왕의 명령을 받아 한 지역을 다스리는 관리예요. 총독나비라는 이름은 제왕나비의 생존 전략을 따르기 때문에 붙인 이름이에요.

다윈은 베이츠가 연구한 의태가 진화의 작동 원리를 보여 주는 실제 사례라고 생각하고 감탄했어요. 총독나비가 하루아침에 제왕나비의 화려한 날개를 갖게 된 것은 아닐 거예요. 처음에는 그저 크기나 모양이 비슷한 것으로 시작했을 거예요. 제왕나비와 크기는 비슷하지만, 전혀 해롭지 않았던 나비의 날개에 우연히 같은 지역에 사는 독나비의 날개에 있는 것과 비슷한 점이 한두 개 생겼을 거예요. 제왕나비에게 혼이 난 경험이 있는 새들은 그저 비슷한 점이 있을 뿐인데도 그 나비도 먹지 않고 내버려 두었을 테고, 점이 있는 무해한 나비는 자손을 남길 수 있었을 거예요. 점이 있는 무해한 나비는 독나비와 비슷한 모습이 될 때까지 계속해서 비슷한 표식을 갖게 됐을 테고, 결국에는 거의 공격을 받지 않게 됐을 거예요.

베이츠 의태는 흉내를 내는 종에게는 유리하게 작용하지만 흉내 냄을 당하는 종에게는 그렇지 않아요. 오히려 흉내를 내는 종 때문에 포식자에게 공격받을 가능성이 커져요. 총독나비를 여러 번 잡아먹은 포식자는 제왕나비를 보면 거침없이 먹을 테니까요. 그 때문에 시간이 흐르면 제왕나비와 흉내 내는 나비의 모습은 줄무늬가 생기거나 점이 사라지는 등 어떤 식으로든 살짝 달라질 거예요. 원래와는 살짝 다른 변이가 생긴 나비가 포식자의 공격을 피할 수 있다면 결국 달라진 나비가 살아남아 다음 세대의 표준이 되는 거예요.

본능으로 타고난 생존을 위한 투쟁 때문에 나비는 지금과 같은 방식으로 화학 작용을 하게 되었어요. 새가 독나비를 충분히 많이 먹는다면, 새들도 나비의 독을 피해 갈 방법을 찾아낼 거예요. 제왕나비의 어느 부분에 독이 있는지를 알아내 그 부위를 먹지 않고 나머지 부분만 먹는 방법을 알아낸 새도 있어요. 제왕나비가 계속해서 살아가려면 끊임없이 생존 전략을 다시 세워야 해요.

나비도 다양한 생명체와 사물의 흉내를 내요. 새똥이나 식물의 잎을 흉내 내는 나비도 있는데, 깜짝 놀랄 정도로 완벽하게 다른 대상과 닮은 나비도 있어요. 유명한 러시아계 미국 소설가이자 널리 알려진 나비 전문가였던 블라디미르 나보코프[1899~1977]는 나비의 의태에 관해 상당히 신나서 다음과 같이 적었어요.

> 말벌을 닮은 나방이 있는데, 이 나방은 걸을 때나 더듬이를 움직일 때도 나방처럼 행동하지 않고 말벌처럼 행동했다. 나뭇잎을 흉내 낸 나비

도 있는데, 이 나비는 잎의 아름다운 부분뿐 아니라 벌레가 갉아 먹은 구멍까지도 날개에 그대로 구현해 놓았다.

아마존에서 활동한 유럽 생물학자 프리츠 뮐러 1821~1897는 동물들이 훨씬 현명하게 의태를 활용하는 현상을 발견했어요. 이 의태는 뮐러의 이름을 따 뮐러 의태 Mullerain mimicry 라고 불러요.

뮐러 의태를 하는 동물은 모습만 독이 있는 종을 따라 하는 것으로 진화를 끝내지 않아요. 의태 종은 자신이 따라 하는 종이 만드는 독까지 만들어 낼 수 있어요. 그 때문에 포식자는 어떤 종을 먹든지 아프게 되고, 결국에는 생김새가 비슷한 생물종을 모두 다 피하게 돼요.

지금은 제왕나비도 살아남기 힘든 시간을 보내고 있어요. 생존에 특별한 조건이 필요한 생물은 그만큼 생존할 가능성이 작아요. 제왕나비를 특히 힘들게 하는 생존 조건은, 번식을 하려면 밀크위드 숲이 있어야 한다는 거예요. 제왕나비 유충은 오직 밀크위드만을 먹어요. 다른 식물 위에 알을 낳으면 유충이 죽고 말 테니 책임감이 강한 제왕나비 암컷은 절대로 다른 식물 위에는 알을 낳지 않아요. 알에서 부화한 유충은 반드시 밀크위드를 먹어야 할 테니, 제왕나비 암컷은 자신의 알을 밀크위드 잎에만 낳아요. 밀크위드 잎의 뒷면에 낳은 알은 거의 눈에 보이지 않을 정도로 작아서 마치 점을 찍어 놓은 것처럼 보여요. 제왕나비 암컷은 밀크위드 한 그루에 알을 한 개씩만 낳아요.

제왕나비 애벌레는 반드시 먹어야 해요. 알에서 부화하면 9일에서

14일 정도 계속 먹으면서 탈피를 해 몸을 키워요. 그래야 번데기가 될 수 있어요. 제왕나비 애벌레에게는 안타깝게도 말벌은 제왕나비의 지독한 맛은 상관하지 않는 것 같아요. 말벌도 자신의 유충을 먹이려고 필사적으로 노력한답니다. 이 세상에 수많은 곤충 유충이 있는 이유는 바로 그 때문이에요. 한 종의 어린 자손이 잡아먹힐 가능성이 크다면 그 종의 부모가 자손을 아주 많이 낳는다는 것은 또 다른 자연의 법칙이지요.

나비들은 불리한 상황에 놓여 있어요. 나비 애벌레는 적어도 네 번 탈피해야 성체 크기로 자랄 수 있어요. 먹이가 부족한 것 외에도 이 세상에는 애벌레를 위협하는 개미와 말벌 같은 천적이 있어요. 살충제도 나비의 생존을 위협해요. 바이러스와 박테리아는 말할 것도 없고요. 안전한 고치 안으로 들어가 번데기가 되기 전에 많은 애벌레가 죽습니다. 제왕나비 애벌레는 밝은 노란색 몸에 검은색과 흰색 줄무늬가 있어서 쉽게 눈에 띄어요. 애벌레의 머리와 꼬리에는 모두 더듬이처럼 생긴 촉수가 있어서 포식자들은 애벌레가 어느 쪽을 바라보고 있는지, 어디가 머리이고 어디가 꼬리인지를 알 수 없어요.

제왕나비 애벌레는 다른 곤충의 유충이 고치를 만드는 방식과는 다른 식으로 고치를 만들어요. 다른 곤충들은 끈적끈적한 실크를 분비해, 그 실크에 주변에서 구할 수 있는 재료를 가져다 붙여 번데기가 들어갈 딱딱한 고치를 만들어요. 하지만 제왕나비 애벌레는 실크를 아주 적은 양만 분비해서 밀크위드 표면에 자기 몸을 고정하고 J 자 모양으로 몸을 둥글게 구부린 형태로 매달려요. 그러면 애벌레의 바깥 피부가 굳으면서 번데기가 돼요. 제왕나비의 번데기는 정말로 놀라워요. 짙은 녹색 바탕 위에 금 조각으로 장식한 것처럼 보이는 검은 줄이 딱 한 줄 그어져 있는 번데기는 군데군데 황금색 점도 있어요. 실크 한 줄로 잎에 연결되어 있는 번데기의 모습은 밖에서 보면 죽어 있는 것처럼 보여요. 하지만 안에서는 정말로 많은 일이 일어나고 있어요. 번데기 안에 숨어 있는 나비 유충의 몸은 끊임없이 변해요. 그건 정말 신기한 경험일 거예요. 제왕나비 유충은 자기 몸을 소화해 끈적거리는 세포 죽처럼 만들어요. 녹아 버린 것처럼 보이는 이 세포들은 다시 몸을 구성해 유충과는 전적으로 다른 몸을 만들어 가요. 완벽한 제왕나비 성체로 바뀌기 전에 마지막으로 일어나는 변화는 날개에 제왕나비의 특징인 흰색, 검은색, 주황색 색소가 모이는 거예요. 날개에 색소가 생기면 제왕나비는 번데기를 뚫고 나와 나비로서 삶을 살아가요.

17. 믿기 힘든 여행

　제왕나비는 꿀을 만들지도 않고 밤하늘을 빛으로 수놓지도 않지만 아주 유능한 수분 매개자예요. 제왕나비의 구기 무척추동물, 특히 절지동물의 입 부분을 구성하며 음식을 먹거나 씹는 일 등에 관계하는 기관—옮긴이 는 빨대가 말린 것처럼 생겼어요. 독특하게 생긴 이 구기를 나비가 수분할 수 있도록 독특한 형태로 진화한 꽃의 꿀샘 깊이 집어넣어 꿀을 빨아 먹어요. 나비에게는 저마다 수분을 담당하는 꽃에 꼭 들어맞는 구기가 있어요. 나방의 구기는 아주 다양해요. 마다가스카르섬에는 구기가 30㎝나 되는 박각시가 있어요. 이 박각시의 구기가 그렇게 긴 이유는 특별한 난초의 수분을 담당하기 때문이에요.

　어떤 이유에서건 우리는 제왕나비를 아름답다고 생각해요. 하지만 우리가 제왕나비를 사랑하는 이유는 제왕나비가 너무나도 믿기 어려운 이야기를 우리에게 들려주기 때문인지도 몰라요.

제왕나비는 왕나비아과 Danaidae의 나비예요. 왕나비아과의 나비는 대부분 주황색이고, 유충 때는 밀크위드를 먹고 살아요. 그래서 과명은 왕나비아과지만 흔히 밀크위드 나비라고 불러요. 왕나비아과 나비들은 모두 열대 지역에서 살지만, 제왕나비만은 생애 일부를 온대 지역에서 보내요.

제왕나비도 열대 지역에서 사는 동물이기 때문에 북부 온대 지역의 겨울철을 견딜 수는 없어요. 겨울이면 제왕나비는 따뜻한 남쪽 지역에서 머물러야 해요. 그러나 봄이 되면 다시 북쪽으로 돌아가죠. 북쪽에 있는 온대 지역에서 짝짓기를 하기 때문이에요. 제왕나비처럼 3000㎞에서 5000㎞ 정도 떨어진 먼 곳까지 이주하는 나비는 이 세상에 더는 없어요.

일단 성체가 되면 제왕나비는 죽을 때까지 여러 번 짝짓기를 해요. 넥타 말고 다른 먹이는 먹지 않고 과꽃, 미역취, 백일초, 코스모스, 해바라기의 수분을 도와요.

당이 많이 든 넥타에서 섭취한 에너지를 이용해 제왕나비는 다시 남쪽으로 날아가요. 제왕나비는 정말 뛰어난 비행사예요. 제왕나비는 힘찬 날갯짓을 하며 빠르게 날지 않아요. 이주하는 제왕나비에게서는 퍼덕이거나 팔랑이면서 나는 모습을 볼 수 없어요. 그저 이례적으로 긴 날개를 활짝 펴고, 햇빛이 만든 따뜻한 기류를 타고 부드럽게 움직일 뿐이에요. 제왕나비는 빨리 날 수는 없으나 엔진이 없어도 나는 글라이더처럼 에너지를 아끼면서 멀리 갈 수 있어요. 가끔은 바람 때문에 경로에서 벗어날 때도 있지만 제왕나비는 다시 제 길을 찾는 법을 아는 것 같아요.

제왕나비는 해가 뜨면 곧바로 날기 시작하고, 해가 지기 전에 이동을 멈춰요. 벌처럼 나비도 시간 감각이 탁월해요. 길을 가는 동안 지형을 참고하기도 하지만 해를 참고하기도 해요. 밤이면 더는 날지 않고 쉬어요. 해가 질 때 물 위를 날고 있다면 반드시 내려가 쉴 곳을 찾아야 해요. 구름이 많은 날에는 300m 이상 높이 떠서 날기도 해요. 제왕나비의 가슴에는 철광석 같은 작은 자철석이 들어 있어요. 이것이 몸 안에서 나침판처럼 작용해요. 이 나침판 덕분에 자기장을 감지해 자기 나침판의 북쪽을 알 수 있고, 북쪽을 파악하면 나머지 방향도 알 수 있어요.

제왕나비는 정말 천천히 이주해요. 북쪽에서 출발하고 두 달 정도가 지나야 겨울 서식지에 도착해요. 제왕나비가 이렇게 먼 거리를 이동할 수 있는 이유는 수명이 9개월 정도로 다른 나비들보다 오래 살기 때문이에요. 다른 곤충들과 비교해도 아주 오랫동안 충만한 삶을 사는 거예요. 인도 시인 라빈드라나드 타고르 1861~1941 는 제왕나비에 관해 이런 시를 썼어요.

> 나비는 몇 달이 아니라 순간을 셀 수 있고
> 시간도 충분하다.

이 세상에서 가장 흔한 나비라고 여겨지는 작은멋쟁이나비 Vanessa

*cardui*를 비롯해 북쪽과 남쪽을 오가는 나비는 많아요. 하지만 제왕나비처럼 먼 곳을 이동하는 나비는 없어요. 거의 이동하지 않는 나비도 있어요. 플로리다제왕나비는 이주하지 않아요. 콜로라도부전나비*Hypaurotis crysalus*는 평생 몇 미터 이상을 벗어나지 않아요. 지금보다는 나비가 많았던 과거에는 멀리 이주하는 나비가 더 많았는지도 몰라요. 갑자기 나비가 하늘을 뒤덮었다는 옛 기록도 있어요. 1508년 7월 9일, 프랑스 북쪽 해안에 있는 칼레에서는 "북동쪽에서 날아와 남동쪽으로 이동하는" 흰 나비 떼가 하늘을 가득 덮었는데, 그 모습이 마치 "하늘에서 쏟아지는 눈"처럼 보였다고 해요. 그 때문에 마을 밖에 있던 밭에서 일하던 사람들은 오후 4시였는데도 마을을 볼 수 없었어요.

과학자들은 1976년이 되어서야 제왕나비의 이주를 정확하게 알게 되었어요. 캐나다 동물학자인 프레더릭 어쿼트 1911~2002와 노라 어쿼트 1918~2009 부부는 제왕나비를 겨울 서식지까지 추적했어요. 그때까지만 해도 사람들은 제왕나비가 봄과 여름이면 북아메리카 대륙에서 볼 수 있지만, 가을과 겨울이면 사라진다는 사실만을 알고 있었을 뿐이에요. 그 이유를 겨울이면 나무 구멍에 들어가 잠을 자기 때문이라고 생각하는 사람도 있었고,

살던 곳을 떠나 멀리 이동하기 때문이라고 생각하는 사람도 있었어요. 하지만 따뜻한 플로리다주로 날아간다고 생각했지, 그보다 더 멀리 간다고 생각하는 사람은 없었어요. 문제는 겨울이 되어도 플로리다주로 들어오는 제왕나비는 없었다는 거예요.

1940년대에 프레더릭과 노라는 제왕나비의 연약한 날개를 다치지 않고 꼬리표를 붙이는 방법을 알아냈어요. 나비에게 꼬리표를 다는 작업은 정말로 힘들어요. 아주 작고 섬세한 꼬리표를 나비에게 달려면 정말로 섬세한 기술이 필요했어요. 하지만 일단 꼬리표를 다는 기술을 터득한 뒤로는 '죽은 나비를 발견하면 캐나다 토론토 대학교 동물학과로 보내 주세요'라는 글귀가 적힌 꼬리표를 제왕나비의 날개에 붙일 수 있었어요.

수천 명이 넘는 자원봉사자들이 제왕나비의 날개에 꼬리표를 달아 주었죠. 1975년, 프레더릭과 노라 부부는 제왕나비가 멕시코시티 동쪽에 있는 험준한 산맥에서 겨울을 난다는 사실을 알게 됐어요. 그로부터 2년 뒤에는 카탈리나 아구아도와 켄 브루거 부부가 제왕나비가 세로펠론에 있는 숲까지 이동한다는 사실을 알아냈어요. 세로펠론은 멕시코 남서부 미초아칸주에 있는 산악 지역에 있어요. 두 사람이 발견한 숲속 서식지는 정말 놀라운 모습이었어요. 숲속에는 주황색 물결이, 주황색과 흰색 물결이 끝없이 펼쳐져 있었어요. 완전히 나비로 덮여 있는 나무도 볼 수 있었고, 주황색 눈보라가 몰아치는 것처럼 나비들이 정신없이 날아다니는 모습도 볼 수 있었어요. 나비들이 너무 많아서 한꺼번에 날아오르면 날개를 펄럭이는 소리까지 들릴 정도였어요.

세로펠론 숲은 과거에는 화산 지대였어요. 하지만 지금은 한대 침엽수림이에요. 높은 산 위에 있기 때문에 한대 침엽수림이 된 거예요. 이곳에서는 높이가 45m나 되는 오야멜 전나무가 자라는데, 제왕나비는 이 나무를 정말 좋아해요.

1976년 1월 9일에 세로펠론 숲을 찾아온 프레더릭 어쿼트는 수백만 마리의 나비 가운데 자신이 만든 꼬리표를 단 나비를 찾아냈어요. 1975년 8월 초에 미네소타주 채스카에서 두 학생이 꼬리표를 붙인 나비였어요. 제왕나비가 정말 먼 거리를 이동한다는 사실이 입증된 거예요. 《내셔널 지오그래픽》은 주황색, 흰색, 검은색 제왕나비로 뒤덮인 카탈리나 아구아도 사진을 표지에 실었어요.

로키산맥 동쪽에서 여름을 나는 제왕나비는 추워지면 멕시코 중부로 이동해요. 로키산맥 서쪽에서 여름을 나는 제왕나비들만이 캘리포니아주로 이동해요. 하지만 과학자들은 제왕나비의 겨울 서식지가 모두 몇 곳인지는 알지 못해요. 로키산맥 서쪽에 사는 제왕나비 중에는 애리조나주를 지나 멕시코 소노란사막까지 가는 나비도 있는 것 같아요. 하지만 서부 제왕나비는 모두 캘리포니아주에서 겨울을 난다고 생각하는 사람들도 있어요. 서부 제왕나비 가운데 일부는 여름이면 흩어졌다가 겨울이면 캘리포니아주에서 모이고, 일부는 다른 곳으로 떠나지 않고 캘리포니아주에서 계속 머문다고 생각하는 거예요. 오스트레일리아의 경우, 제왕나비는 내륙 지역과 해안 지역을 오가는 것 같아요. 미국 북

19세기 중반까지는 제왕나비를 북아메리카 대륙의 고유종이라고 생각했어요. 하지만 1840년에 뉴질랜드, 1860년에 카나리아 제도, 그리고 1864년에는 아조레스에서 제왕나비를 발견했어요. 제왕나비는 하와이에도 있었어요. 1876년에는 웨일스에서 발견했고, 그다음 달에는 영국 남쪽에서도 여러 지역에서 제왕나비를 몇 마리 목격했어요. 그다음 해에는 프랑스의 대서양 해안에서도 한 마리를 발견했어요. 그때는 그 누구도 곤충이 이주한다는 사실을 몰랐어요. 1980년에 스페인에서도 제왕나비를 발견한 뒤로 지금은 제왕나비가 군집을 이루고 살면서 번식도 하고 이주도 한다는 생각을 하게 됐어요. 스페인의 제왕나비는 스페인에서 북아프리카 대륙으로 이동하는 것 같았어요. 최근에는 북아메리카 대륙과 가까운 영국의 콘월 해안에서도 제왕나비를 볼 수 있어요.

19세기 중반에 관찰한 내용은 또 있어요. 제왕나비는 대서양과 태평양을 가로지르며 여행하는 것 같았어요. 처음에는 제왕나비가 우연히 배에 올라타 대양을 건넌다고 생각했어요. 하지만 그렇다고 하기에는 대양을 건너는 나비가 너무 많았어요. 제왕나비가 발견된 지역 가운데 많은 곳이 그 무렵에 토종 밀크위드를 개발해 기르기 시작했어요. 사람들은 제왕나비에게는 이전에 생각했던 것보다 훨씬 놀라운 비행 기술이 있는 건 아닌지 궁금해졌어요. 그때도 이미 제왕나비가 곤충 가운데 가장 멀리 날 수 있는 동물일 가능성이 있음을 알고 있었어요. 하지만 지금까지도 낮에는 날고 밤에는 쉬어야 하는 제왕나비가 어떤 방법으로 대양을 건너는지는 밝혀지지 않았어요. 제왕나비는 특정한 해에는 많은 수가 대양을 건너는 것처럼 보여요. 1876년과 1988년에는 450마리가 영국으로 건너왔고, 1958년과 1981년에는 300마리 이상이 영국으로 건너왔어요. 1995년 이후로는 해마다 많은 수가 목격되는 것으로 보아 이주하는 제왕나비의 수는 점점 늘어나고 있는 것 같아요.

카리브 제도와 남아메리카 대륙 북부에서도 제왕나비를 볼 수 있어요. 이곳에서 발견되는 제왕나비는 유럽과 태평양 섬에서 볼 수 있는 제왕나비 군집보다는 규모가 작지만 더 오래전부터 형성됐어요. 새롭게 형성되는 군집은 그 어느 곳도 북아메리카 대륙의 군집 크기를 능가하지 못해요. 북아메리카 대륙은 제왕나비가 살아남아 종을 보존하려면 반드시 필요한 곳이에요.

동부에서 멕시코 중부 지역까지 먼 거리를 이동하는 제왕나비 외에는 그 어느 곳에서도 그렇게 먼 거리를 이동하는 제왕나비는 발견하지 못했어요. 그 어떤 곤충도 로키산맥 동쪽에서 여름을 나는 제왕나비처럼 멀리 이동하지 않아요.

캘리포니아주에서는 멕시코의 바하칼리포르니아주 해안까지 해변을 따라 제왕나비 겨울 서식지가 400곳 정도 있어요. 하지만 미초아칸주만큼 많은 나비가 모이는 곳은 한 곳도 없어요. 어떤 곳은 스무 마리 미만으로 모이는 곳도 있고 10만 개체 정도가 모이는 곳도 있어요.

그런데 캘리포니아 해변을 좋아하는 건 제왕나비만이 아니에요. 사람도 좋아해요. 사람들이 짓는 건물 때문에 제왕나비의 겨울 서식지가 사라지고 있어요. 그래도 좋은 소식이 있어요. 1988년에 캘리포니아주 유권자들은 제왕나비 서식지를 몇 곳 사들여 보호지역으로 지정한다는 데 합의했어요. 사유지 주인들도 자신의 땅에 들어온 제왕나비는 해치지 않겠다는 약속을 했어요.

북아메리카 대륙에서 서식하는 제왕나비가 생존하려면 미초아칸주의 오야멜 전나무 숲이 반드시 있어야 해요. 오야멜 전나무 숲은 이미 많이 사라져서 이제는 10만 에이커밖에 남지 않았어요. 숲의 주인은 지역 주민들이지만 그 숲을 팔 수는 없어요. 주민들은 매우 가난해서 살아가려면 자신들이 해야 하는 일을 할 수밖에 없어요. 주민들은 귀중한 오야멜 전나무를 베어 재목으로 팔거나 땅을 개간해 농사를 지어요. 팔려 나간 오야멜 전나무는 집을 짓는 데 쓰거나 땔감으로 써요.

1986년에 멕시코 정부는 제왕나비 생물권 특별보호지역을 지정했어요. 하지만 그런 조치도 지역 주민들이 오야멜 전나무를 자르는 일을 막지는 못했어요. 그저 불법으로 벌채를 하게만 했을 뿐이에요. 1976년에 발견했을 때 미초아칸주 오야멜 전나무 숲에는 제왕나비가 약 10억 마리가 서식하고 있었어요. 지금은 5억 마리쯤 살고 있어요.

문제는 과거에는 멕시코 정부가 주민들이 제왕나비를 보호하는 데 협력하면 경제적으로 이득을 주는 정책을 시행하지 않았다는 거예요.

하지만 최근에 멕시코 정부는 실수를 깨달았고, 이제는 제왕나비 서식지를 보호하는 동시에 주민들이 벌채를 하지 않아도 생계를 유지할 수 있는 방법을 찾아내려고 노력하고 있어요. 현재 지역 주민들은 제왕나비를 보러 오는 관광객을 안내하거나, 티셔츠나 기념품을 판매하는 등 제왕나비 관광 사업으로 수입을 얻고 있어요. 제왕나비를 보호하면 경제적으로 이득이 된다는 사실을 알게 된 거예요. 환경을 보호하려면 먼저 사람을 도와야 할 때가 많아요.

18. 변하는 세상에서 살아남기

제왕나비의 생활사는 기후, 기온 변화, 계절 변화에 크게 좌우되기 때문에 기후 변화는 제왕나비에게 분명히 엄청난 영향을 미치고 있어요. 제왕나비의 미래는 불확실해요. 점점 따뜻해지는 겨울은 제왕나비에게 도움이 될 테지만 뜨거워지는 여름은 제왕나비의 여름 서식지가 제왕나비가 살기 힘들 정도로 뜨거워질 수도 있다는 뜻이에요. 제왕나비가 살려면 반드시 물이 필요한데, 뜨거워지는 날씨 때문에 가뭄이 들 수도 있어요. 기온이 너무 뜨거워지고 물이 사라지면 밀크위드 역시 자랄 수 없어요. 제왕나비가 살아가려면 반드시 밀크위드가 있어야 해요. 밀크위드는 온대 기후에서만 자랄 수 있어요. 너무 춥거나 너무 더워도 밀크위드는 자라지 않아요. 밀크위드가 온대 기후에서만 자랄 수 있다는 건 제왕나비에게도 온대 기후가 필요하다는 뜻이에요.

현재 제왕나비가 이주하는 동안 잠시 머무는 텍사스주는 가뭄이 드는 햇수가 늘어나고 있어요. 그래서 이미 제왕나비 개체 수는 감소하고 있어요. 지나치게 많이 내리는 비도 제왕나비가 죽는 원인이 된답니다. 비가 너무 많이 내려도 제왕나비는 죽을 수 있어요.

제왕나비는 추운 곳에서는 살 수 없어요. 그래서 이주하는 거예요. 기온이 0℃ 정도로 떨어져도 살 수는 있지만 영하 17℃ 이하로 떨어지면 살 수 없어요.

북아메리카 대륙에 서식하는 제왕나비들에게는 정말로 나쁜 소식이 또 있어요. 2030년이 되면 기후 변화 때문에 멕시코에서 오야멜 전나무가 자랄 수 있는 땅이 70%가량 사라진다고 해요. 기후 변화가 이대로 지속한다면 2090년에는 오야멜 전나무가 거의 한 그루도 남지 않을 거예요. 이는 곧 세상에서 가장 규모가 큰 제왕나비 개체군도 함께 사라진다는 뜻이에요.

북쪽의 밀크위드와 남쪽의 오야멜 전나무가 살아남아 제왕나비가 살아갈 수 있는 서식지를 충분히 제공한다고 해도 제왕나비는 기온을 단서로 북쪽으로 날아가야 할 시기와 남쪽으로 이주해야 할 시기를 파악하기 때문에 문제가 생길 수 있어요. 기후 변화는 제왕나비의 생활사를 완전히 흐트러뜨릴 수 있어요. 북쪽으로 너무 빨리 날아간다거나 북쪽에서 너무 오래 머물다 얼어 죽을 수 있거든요.

　기온은 제왕나비가 번식해야 하는 시기도 알려 줘요. 기후 변화 때문에 제왕나비가 번식을 많이 하지 못해 제왕나비의 개체 수가 줄어들고 있다는 연구 결과도 이미 나와 있어요.

　유전자 조작 식물도 제왕나비를 위협하는 새로운 문제일 수 있어요. 유전자 조작 식물과 관련해서는 거의 모든 사례가 그렇듯이 연관성을 분명하게는 확인할 수 없지만 1999년에서 2012년 사이에 진행한 연구 결과들에 따르면, 두 가지 유전자 조작 식물_{유전자 조작 옥수수와 글리포세이트 내성 작물}을 미국 서부 지방에 널리 심은 뒤로 해당 지역에서 서식하던 밀크위드가 64% 정도 사라졌다고 해요. 제왕나비는 밀크위드가 없으면 알을 낳을 수도 없고, 유충을 먹일 수도 없어요. 유전자 조작 식물을 심은 지역에서는 제왕나비가 88%가량 사라졌어요.

　처음에는 콩의 유전자를 변형하고, 그 뒤로 옥수수의 유전자를 변형한 이유는 글리포세이트라는 강력한 제초제를 견딜 수 있게 하기 위해서였어요. 글리포세이트에 내성이 있는 작물을 심으면 농작물에 해를 주지 않고도 잡초를 제거할 수 있으니까요. 글리포세이트 내성 작물을 라운드업 레디라고 불러요_{미국에 본사를 둔 다국적 생화학 제조업체인 몬산토에서 생산하는 제초제가 라운드업이고, 이 라운드업에 내성을 가진 다양한 유전자 변형 작물을 라운드업 레디Roundup Ready라고 불러요—옮긴이}. 라운드업 레디를 심으면 농부들은 글리포세이트를 잔뜩 뿌려 농작물에 전혀 해를 주지 않으면서도 토양의 영양분을 빼앗는 잡초를 제거할 수 있어요. 미국 농무부는 1995년에는 콩밭에 글리포세이트를

2000만 kg가량을 뿌렸으나 2014년이 되면 5500만 kg 이상을 뿌렸다고 발표했어요. 옥수수밭에는 2000년에는 200만 kg을 뿌렸지만 2011년에는 2800만 kg가량을 뿌렸어요.

   제초제 사용이 늘면서 밀크위드의 개체 수가 줄어들었고, 그 때문에 제왕나비의 개체 수도 줄어들었어요. 공식적으로 밀크위드는 잡초로 분류해요. 잡초란 쓸모도 없고 아름답지도 않은 식물이라는 뜻이에요. 당연히 '잡초'라는 분류는 지극히 주관적인 판단일 뿐이에요. 농부에게 밀크위드는 잡초예요. 하지만 제왕나비의 삶에서 밀크위드는 없어서는 안 될 소중한 존재예요. 또 제왕나비는 농부들이 좋아하는 농작물의 수분을 도와요. 제초제와 밀크위드 이야기는 자연에 '있으면 안 되는' 존재라고 생각하는 생물을 죽이기 전에, 그 행동이 자연계에 어떤 영향을 미칠지 고민하는 일이 얼마나 중요한지를 보여 주는 사례라고 할 수 있어요.

19. 멈추지 않는 춤

　나비가 사라지면 자연의 질서도 훼손되지만 수많은 사람이 너무나도 슬퍼할 거예요.

　자신의 이름을 딴 나비 속과 나비 종 생물까지 발견한 중요한 나비 전문가이자 소설가인 나보코프는 "나비에게 주목하는 사람이 그렇게나 적다는 것은 아주 놀라운 일이다"라고 했어요. 그러나 진실은 그렇지 않아요. 나보코프처럼 나비에 관한 과학 논문을 스물두 편 쓰지도 않았고, 새로운 종을 발견하지도 않았지만 우리는 나비에게 주목해요. 나비는 아름다움과 기발하게 날아오르는 모습, 팔랑이면서 방향을 바꾸는 능력으로 우리를 설레게 해요. 나비는 언제나 우리의 시선을 끌어요. 8세기 중국의 유명한 시인 두보는 이런 시를 썼어요.

> 나비가 흥겹게 머문다. 평온한 꾀꼬리
> 노랫소리에 맞춰 끊이지 않고 춤을 춘다.

　노자와 함께 도가를 이룬 서기전 4세기 중국 사상가 장자는 자신이 나비가 된 꿈을 꾸었다는 글을 남겼어요. 꿈에서 깨어나 보니 나비였던 자신은 사라지고 다시 사람이 되어 있었답니다. 하지만 장자는 '자신이 사람인 꿈을 꾸는 나비가 아니라는 사실을 어떻게 아는가?'라고 물어요.
　아주 오랫동안 많은 문화에서 다양한 사람들이 나비를 보면서 신비로운 생각을 많이 했어요. 세계 곳곳에서 많은 고대인이 나비를 그렸어요.
　힌두교는 지금도 많은 사람이 믿는 고대 종교예요. 힌두교에서는 살아 있는 존재는 모두 다시 태어난다고 하는데, 나비의 변태 과정을 보면서 그런 생각을 하게 되었다고 해요. 고대 이집트 사람들도 비슷한 생각을 했어요. 이집트 사람들은 나비가 아니라 딱정벌레의 변태를 보면서 그런 생각을 하게 된 거지만, 나비는 죽은 사람과 관계가 있다고 생각해서 무덤 벽에 나비를 그려 넣었어요. 그리스어 '프시케Psyche'에는 '영혼'이라는 뜻도 있고 '나비'라는 뜻도 있어요. 서기전 1500년 무렵에 그리스 남부에 있던 미케네 문명에서는 나비 고치를 닮은 구슬을 만들었어요.
　서기 1세기에 폭발한 화산재에 묻혀 버린 고대 로마의 폼페이에는 죽은 사람의 두개골에서 나비가 빠져나오는 모습을 묘사한 타일 바닥이 있어요. 일본 사람들은 흰나비를 다른 세상으로 떠나는 영혼이라고 생각해요. 18세기에 살았던 하이쿠 일본 전통 단시—옮긴이의 대가 잇사 고바야시는 이런 시를 썼어요.

> 날아다니는 나비를 보니,
> 나는 한 줌 먼지로 만든 생명체 같다.

북아메리카 대륙에서는 블랙풋 부족의 여인들이 사슴 가죽으로 나비를 만들어 구슬로 장식하고 아이들 머리에 달아 주었어요. 그러면 아이가 푹 잘 수 있다고 생각했거든요.

아일랜드와 중앙아메리카 대륙에 있었던 마야 문명에서는 나비를 이제 막 죽은 자의 몸에서 떠나서 가야 할 곳을 찾아다니는 영혼이라고 생각했어요. 아즈텍 전사들은 방패에 나비를 한 마리씩 올려놓고 전투를 하러 나갔어요. 1680년에 아일랜드에서는 흰나비를 죽이면 안 된다는 법이 생겼어요. 흰나비는 아이들의 영혼이라고 믿었기 때문이에요.

하지만 나비를 언제나 좋게 생각한 건 아니에요. 스코틀랜드와 북부 유럽에서는 나비를 마녀의 영혼이라고 믿었어요. 중세부터 그 뒤로도 몇백 년 동안은 나비를 변신한 요정이라고 생각하기도 했어요. 요정이 우유와 버터를 훔쳐 가려고 나비로 변했다고 믿은 거예요. 나비가 영어로 버터플라이 Butterfly 인 건 그 때문이에요. 스페인어로 나비는 '마리포사 Mariposa'라고 해요. '성모 마리아의 층계참'이라는 뜻이에요.

조금 더 시간이 흘러 18세기가 되자 유럽 특히 영국에서는 나비를 잡아 죽

여서 핀으로 고정하는 취미가 사람들을 사로잡았어요. 영국에서는 이런 나비 수집가들을 황금색 나비 고치를 모은다는 뜻으로 오릴리언Aurelian이라고 불렀어요.오릴리언은 라틴어로 금을 뜻하는 '아우룸Aurum'에서 파생된 단어예요—옮긴이.

18세기와 19세기에 생물학은, 특히 곤충학은 비전문가들이 이끌었어요. 다윈만 해도 곤충에 흥미를 느끼고 연구할 수 있었던 이유는 부잣집 아들이었기 때문이에요. 19세기에 유럽과 아메리카 대륙에서는 자연과학이 인기를 끌었어요. 재력이 있는 집에서는 거실에 암석과 곤충을 진열한 유리 수집함을 전시해 놓았어요. 가장 인기가 많은 곤충은 당연히 나비였어요.

20세기가 되기 전까지는 시골에 가면 지금보다 훨씬 많은 나비를 볼 수 있었어요. 그때는 화학 비료도 없었고, 살충제도 없었고, 도로도 집도 쇼핑몰도 적었으니까요. 들판에는 규모가 작은 밭이 키가 크고 무성한 산울타리로 둘러싸여 있었고, 넓은 들판은 나비를 비롯한 온갖 곤충들이 살 수 있는 멋진 터전을 마련해 주었어요. 연못과 습지도 지금보다 더 많았고, 야생화가 가득한 무성한 풀숲도 더 많았어요. 하늘에는 나비가 가득했고, 사람들은 즐겁게 나비를 잡았어요.

영국에서는 여러 수상을 비롯해 정치인, 작가, 화가, 부유한 사람, 가난한 사람 할 것 없이 많은 사람이 취미로 나비를 모았어요. 많은 취미가 사실상 남성의 전유물이었던 시대에 나비 수집은 여성도 즐기는 취미 활동이었어요.

초창기 여성 나비 수집가이자 가장 잘 알려진 여성 나비 수집가는 엘리너 글랜빌이에요. 엘리너는 '나비 수집가Aurelian'라는 단어가 만들어지기 전인 1654년에 태어났어요. 귀족은 아니었으나 부자였던 엘리너는 1709년에 세상을 떠나면서 자신의 재산을 아들이 아닌 사촌에게 주었어요. 엘리너의 아들은 법원에 나가 어머니가 제정신이 아니었기 때문에 재산을 아들이 아닌 다른 사람에게 물려준 것이라고 주장했어요. 그러자 엘리너와 같은 지역에 살았던 주민들이 아들의 주장이 옳다며 증인으로 나섰어요. 그 사람들은 엘리너가 곤충 채집망을 들고 들판을 뛰어다니며 나비를 잡는 모습을 여러 번 보았다고 했어요. 17세기에는 여성들이 무겁고 긴 코르셋을 입어야 했어요. 거추장스러운 긴 치마를 입고서는 나비를 잡을 수가 없어요. 엘리너는 거추장스러운 옷을 벗고 나비를 잡으러 다녔는데, 지금 사람들은 절대 그렇게 생각하지 않을 테지만 그 당시 사람들이 보기에는 거의 옷을 입지 않고 뛰어다니는 것처럼 보였어요. 법원은 엘리너의 행적이 분명히 미쳤다는 증거라고 생각해 아들이 그녀의 재산을 상속받을 수 있게 해 주었어요.

하지만 몇 세기가 지나면 나비 수집은 사람들이 받아들일 수 있는 취미 활동이 돼요. 1868년에 태어난 월터 로스차일드에게는 특이한 점이 많았어요. 월터는 금융업에 종사하는 부유한 집안에서 태어났으나 가업에는 전혀 관심이 없었어요. 월터는 런던 거리를 얼룩말이 끄는 마차를 타고 달리기도 했대요. 하지만 그가 하는 나비 수집을 이상하게 여기는 사람은 없었어요. 69년 동안 살면서 월터는 225만 개체나 되는 나방과 나비를 수집했어요. 월터가 수집한 인시목 동물들은 1937년에 그가 죽자 영국박물관에 기증됐어요. 월터 혼자서 그 많은 개체를 모은 것은 아니에요. 그는 '나비 전문 수집가'들을 고용했고, 이 낭만적인 수집가들이 권총과 곤충 채집망을 들고 전 세계 구석구석을 돌면서 나비를 수집해 온 거예요.

그 뒤로도 나비 수집가들의 열정은 사라지지 않았어요. 20세기에 가장 유명한 나비 수집가는 나보코프예요. 그의 장편 소설과 단편 소설, 시에는 끊임없이 나비와 나비를 수집하는 이야기가 나와요. 다윈처럼 나보코프도 아주 어렸을 때부터 곤충에 열정이 생겼어요. 자서전에서 나보코프는 "감정과 식욕, 야망과 성취라는 점에서 곤충 탐험만큼 풍요롭고 강한 즐거움을 주는 활동은 내가 아는 한 거의 없다"라고 했어요. 그는 글쓰기와 나비 수집이 인생에서 가장 즐거운 두 가지 일이라고 말했답니다.

  나비 수집가는 기본적으로 아마추어 과학자라서 새로운 종을 찾아 분류하고 학명을 붙이려고 나비를 수집해요. 이 목표를 여러 번 달성한 나보코프는 자신의 유명한 소설보다 새로운 나비 종을 찾은 것이야말로 영원히 남을 자신의 업적이라고 말했답니다.

  하지만 나비를 모으겠다는 사람들의 열정은 문제가 되었어요.

20. 위험한 곤충 채집망

제왕나비뿐만 아니라 너무나도 많은 나비가 이제는 위험에 처해 있어요. 나비는 자신을 보호하려고 날개를 화려하게 만들었어요. 그런데 포식자를 무섭게 해 쫓아내려는 특성이 사람들에게는 매력으로 작용한 거예요. 나비는 다른 곤충들이 겪는 고통뿐만 아니라 수집가들의 희생자가 되어야 한다는 고통도 함께 겪고 있어요. 아름다운 나비일수록 수집가들에게 붙잡힐 가능성은 더 커져요. 수집가들은 나비에게 위협적인 존재예요.

자연은 곤충 채집망을 전혀 예상하지 못했어요. 나비 암컷은 수컷보다 훨씬 느리게 날기 때문에 수집가들이 잡는 나비는 대부분 암컷이에요. 자연에는 나비 암컷보다 수컷이 훨씬 많아 수컷이 잡히는 게 더 나을지도 몰라요. 나비의 번식이라는 측면에서 보면 암컷은 수컷보다 더 소중한 존재거든요.

현재 나비 수집가들이 나비에게 얼마나 큰 위협이 되는지는 분명히 알 수 없어요. 과거에는, 여러 수집가에게 나비를 공급하려고 한 종의 나비를 100마리씩 잡는 것에 대해 아무런 고민이 없었기에 나비 수집가들은 나비를 위협하는 무서운 존재들이었어요. 1800년대 초반에 영국 과학자들이 아도니스블루나비 *Lysandra bellargus*를 너무 많이 잡는다고 우려했던 것처럼 특정 종을 너무 많이 잡는다고 우려하는 경우 외에는 나비 수집을 걱정하는 사람은 거의 없었어요. 나비 수집가들이 나비의 서식지를 파괴할 정도로 큰 피해를 주는 경우는 분명히 없어요. 하지만 수집가들이 높은 가치를 두는 희귀한 나비의 경우에는 지역 주민이 너무나도 많이 잡아 기념품으로 팔기 때문에 개체군이 해를 입어요. 나보코프가 "손 위에 놓으면 아주 풍부하고 강렬한 하늘색 빛을 반사한다"라고 했던 중앙아메리카 대륙과 남아메리카 대륙에 서식하는 모르포나비 *Morpho peleides*는 밝은 진줏빛 파란 날개로 보석을 만들기 때문에 생존이 위협받고 있어요. 하지만 이런 위협은 모르포나비의 서식지인 열대우림이 빠른 속도로 파괴되고 있다는 사실에 비하면 아무것도 아니에요.

지금도 예전만큼 많은-아니 어쩌면 더 많은-나비 수집가가 있어요. 그러나 이제는 나비를 죽이는 사람은 많지 않아요. 20세기 중반에 나보코프는 나비를 수십만 개체나 수집했어요. 그런 수집가들은 자신들이 나비를 모으고 분류하는 행동을 새 관찰자들의 행동과 같은 것이라고 했어요. 하지만 새 관찰자들은 새를 잡아서 판자 위에 핀으로 꽂아 두지 않았어요. 이제 나비 수집가들은 나비 사진을 찍어요. 핀에 꽂아 장식함에 넣지 않고 사진기 안에 간직하게 된 거예요.

현재 멸종 위기종 목록에는 나비가 서른세 종 올라 있어요. 펜더스블루나비 *Icaricia icarioides*와 그 친척 종인 미션블루나비 *Icaricia icarioides missionensis*도 멸종 위기종이에요. 제왕나비처럼 화려하지는 않지만 두 나비 모두 섬세한 레이스와 옅은 파란색이 특징인 아름다운 나비들이에요. 이 나비들은 오리건주와 캘리포니아주 해안에 살면서 층층이부채꽃을 먹고 그 위에 알을 낳아요. 자주색을 비롯한 여러 밝은색의 꽃을 피우는 층층이부채꽃은 해변에 있는 풀숲에서 싹을 틔워요. 역시 문제는 사람들이 바닷가에 비싼 집을 짓기 때문에 풀숲도 사라지고 당연히 층층이부채꽃도 사라지고 있다는 거예요. 그렇게 되면 나비들도 사라질 거예요. 나비들은 층층이부채꽃이 있어야 사는데, 층층이부채꽃이 줄어들고 있으니까요. 현재 두 나비는 모두 개체군이 감소하고 있어요.

플로리다주에서는 예전에는 흔히 볼 수 있었던 아탈라부전나비 *Eumaeus atala* Poey가 살아남으려고 애쓰고 있어요. 아탈라부전나비는 두꺼운 몸통에 뾰족한 잎이 나는 소철을 먹고 살아요. 소철은 딱정벌레가 수분을 돕는 식물이에요. 그러니까 아탈라부전나비는 딱정벌레에게 의지해서 살아간다고 할 수 있어요. 소철에는 독이 있어서 소철을 먹는 이 검은색, 청록색, 주황색이 섞인 멋진 나비도 독이 있어요. 사람들에게는 소철이 쓸모가 없는 식물이에요. 그래서 소철을 베어 버리고 집을 짓고 있어요. 1950년대 후반에는 아탈라부전나비가 완전히 멸종했다고 생각했어요.

그런데 아탈라부전나비는 교외가 형성되면서 다시 살아난 드문 경우라고 할 수 있어요. 주택과 마을 공동체, 공원을 설계한 사람들이 소철에 멋진 장식 효과가 있다고 생각해 심었기 때문이에요. 소철이 늘어나자 아탈라부전나비의 수도 조금씩 늘어났어요. 아직도 여전히 그 수는 적지만 이제 아탈라부전나비는 법의 보호를 받고 있어요. 아탈라부전나비와 소철의 관계는 우연히 그렇게 된 것이지만, 이 사례는 적절한 식물을 심으면 곤충을 구할 수 있다는 사실을 보여 주었어요. 농작물을 심으려고 풀밭을 없애자 풀숲에서 살아야 하는 제왕표범나비*Speyeria idalia*와 얼룩말제비꼬리나비*Eurytides marcellus*가 위험해졌어요. 농사를 지으려고 습지를 없애자 작은주홍부전나비*Lycaena phlaeas*가 위험해졌고요. 이 밝은 주황색 나비는 한때 영국에서 완전히 사라졌지만, 다시 살아가는 데 필요한 식물을 심자 영국으로 성공적으로 돌아왔어요.

검은색과 노란색 무늬가 특징인 코르시카 제비꼬릿과의 나비 200종은 지중해에 있는 코르시카섬과 사르데냐섬에서만 살아요. 이 나비들도 개체 수가 줄어들고 있어요. 해발 400m가 넘는 고지대 숲에서 사는 이 나비들은 다양한 산림 식물의 잎에 알을 낳아요. 많은 사람이 이 나비들을 잡아서 관광객에게 파는데, 그것만으로도 나비들은 충분히 위험해졌어요. 그런데 나비를 괴롭히는 문제는 또 있어요. 이 나비들이 먹는 가장 중요한 먹이 하나를 가축에게 독이 된다는 이유로 농부들이 모두 없애려 한다는 거예요.

날개 길이가 15㎝나 되는 자메이카 큰제비꼬리나비 _Papilio homerus_ 는 아메리카 대륙에서 가장 큰 나비예요. 자메이카 큰제비꼬리나비는 습한 석회암 산림지대를 좋아하는데, 이들의 서식지도 사람들이 훼손하고 있어요. 이 큰 나비는 예전에는 자메이카섬의 절반 정도에서 볼 수 있었지만 지금은 많은 서식지가 농지로 바뀌었어요. 농지로 쓸 수 없는 오지에서도 자메이카 큰제비꼬리나비의 서식지는 보크사이트 광산 때문에 파괴되고 있어요. 이제 이 놀라운 곤충은 정말로 오지에서만 숨어 살지만, 이 나비의 유명세와 상업적 가치를 아는 나비 수집가들은 여전히 이 희귀한 나비를 쫓아다니고 있답니다.

아주 아름다워서 수집가들이 보석처럼 여기기 때문에 날개 길이가 2.5㎝밖에 되지 않는 작은 카너블루나비 _Lycaeides melissa samuelis_ 는 점점 희귀해지고 있어요. 나보코프는 카너블루나비 연구로 유명해요. 연보라색 바탕에 주황색 물방울을 뿌린 것 같은 카너블루나비 암컷은 당연히 나비 수집가들이 탐내는 수집품이에요. 하지만 수집가보다 더 큰 문제는 가장 중요한 서식지와 야생 층층이부채꽃이 사라지고 있다는 사실이에요.

캘리포니아주에 사는 로티스블루나비 _Lycaeides argyrognomon lotis_ 는 북아메리카 대륙에서 가장 보기 힘든 나비일 거예요. 멸종 위기종 목록에 올라 있지만 거의 관찰한 적이 없기 때문에 알려진 것이 거의 없어요. 로티스블루나비를 거의 볼 수 없는 이유는 알 수 없지만, 한번도 흔하게 볼 수 있었던 적은 없었어요. 1983년 이후로는 그 누구도 본 적이 없으니 이미 멸종됐는지도 몰라요. 하지만 아직도 아주 먼 오지에 몇 마리는 살아 있을 것으로 믿고 있어요.

수 세기 동안 나비 수집 전문가들의 열정은 계속 커져만 갔어요. 영국박물관만 해도 나비와 나방 표본 850만 개체를 비롯해 3000만 개체가 넘는 곤충 표본이 있어요. 슬프게도 박물관에서 보관하고 있는 옛 표본 가운데 많은 종이 이제는 사라져 버렸어요. 박물관 외에도 전 세계 아마추어 나비 수집가들이 나비를 모아요. 그 때문에 당연히 문제가 생겨요. 희귀한 나비들이 계속 잡혀서 죽임을 당하고 수집가들에게 팔려 나가고 있어요. 사람이 자연을 개발하면서 나비들은 점점 더 사람이 쉽게 가지 못하는 곳으로 내몰리고 있어요. 하지만 수집가들을 위해 머나먼 산악 지대에 사는 나비도 잡고 있어요. 인도와 태국 산악 지대에 사는 큰 부탄글로리나비 Bhutanitis lidderdalii 도 수집가들 때문에 점차 사라지고 있어요.

현재 여러 정부와 시민 단체에서 나비를 구하려고 노력하고 있어요. 세계자연보존연맹 IUCN 은 곤경에 처한 생물종을 기록한 적색목록을 발행했어요. 미국에는 서세스 협회 Xerces Society 라는 단체가 있어요. 1941년에 멸종한 캘리포니아주의 서세스블루나비 Glaucopsyche xerces 의 이름을 따서 만든 단체로 나비를 보호하는 활동을 해요.

멸종 위기에 처한 생물종을 보호하려고 전 세계에서 보호구역을 조성하고 있어요. 완전히 사라졌던 지역에 다시 돌아오는 나비들도 있어요. 영국에 작은주홍부전나비가 돌아온 것처럼요. 보호구역에서는 나비 수집가들이 야생에서 나비를 잡지 않도록 인기 있는 몇 종은 직접 길러서 분양하는 나비 농장을 운영하고 있어요. 그러나 서식지가 파괴되면 야생에는 더는 나비가 살아갈 곳이 없다는 것은 계속 문제가 될 거예요.

나비 농장 외에도 나비의 야생 서식지 근처에 조성해 야생 나비를 길러 전 세계에 판매하는 나비 방목장도 있어요. 나비 방목장은 나비가 방목장으로 날아와서 알을 낳게 해요. 방목장에서는 야생보다 훨씬 많은 나비가 살아남을 수 있도록 그 알을 보호해 주기 때문이에요.

오스트레일리아에서 가까운 곳에 있는 독립 국가 파푸아뉴기니는 나비 방목장 사업을 크게 하고 있어요. 파푸아뉴기니 정부는 나비 방목장을 통제할 뿐 아니라 나비 종을 보존하고 나비가 높은 가격에 판매될 수 있도록 관리해요. 아프리카 동부 지역과 중앙아메리카 지역에서도 나비 방목장을 운영하고 있어요. 동물원, 과학자, 나비 수집가들이 주요 고객이에요.

나비 번식 사업은 미국에서도 유행하고 있어요. 100달러도 안 되는 돈으로 제왕나비 열두 마리를 사들여 상자에 넣고 결혼식 같은 특별한 예식 때 하늘로 날리는 사람도 있어요. 생물학자들은 같은 종이라고 해도 다른 곳에서 살았던 개체를 다른 개체군이 살고 있는 서식지로 옮기는 일은 커다란 잘못이라고 생각해요. 그 때문에 종 전체가 약해지거나 심하면 파괴될 수 있다고 믿어요. 결혼식 같은 행사에서 날리는 나비는 여러 종이지만 가장 인기가 많은 종은 제왕나비인 것 같아요. 제왕나비는 미국 정부가 상업적인 목적으로 주 경계를 넘을 수 있다고 허락한 나비 아홉 종 가운데 한 종이에요. 해마다 미국 결혼식장에서 날리는 제왕나비는 수천 마리가 넘어요.

21. 사람은 생존할 수 있을까요?

다윈은 자신의 가장 중요한 원리 가운데 하나를 아주 단순한 말로 이렇게 표현했어요. "희귀성은…… 멸종의 전조이다." 한 종의 개체 수가 많지 않으면 그 종은 멸종하게 될 거예요. 우리는 한 종이 멸종된다는 사실을 걱정하지만, 다윈은 종의 멸종을 문제라고 생각하지 않았어요. 그저 일어날 수밖에 없는 일이라고 생각했어요. 새로운 종이 만들어지고 기존 종은 사라지는 것이 당연하다고 생각했죠. 다윈은 지구에는 언제나 동일한 수의 생물종이 있을 거라고 믿었어요.

그러나 이제 더는 그런 믿음을 유지할 수 없게 되었어요. 이제는 멸종한 종과 이제 곧 멸종할 정도로 희귀해진 종 사이에서, 새로운 종이 생기는 것보다 훨씬 빠른 속도로 생물종이 사라지고 있어요. 기존 종의 수가 줄어드는 이런 상황을 과학자들은 종다양성이 감소한다고 해요. 종다양성이 줄어들면 생존자들도 대부분 제대로 살아갈 수가 없어요.

나비, 딱정벌레, 벌 말고도 수많은 곤충이 사라져 가고 있어요. 미국 중서부 북쪽 지역에서 습지가 감소하면서 하인스에메랄드잠자리 Somatochlora hineana라고 부르는 밝은 녹색 눈의 잠자리도 멸종 위기종 목록에 올랐어요.

노랑초파리 Drosophila melanogaster도 살아남을 수 있으리라고 생각하는 사람이 많지 않아요. 노랑초파리 유충은 하와이 토종 식물만 먹고 사는데, 하와이 토종 식물은 외래종 식물과 가축 때문에 많이 사라졌어요. 하와이에서는 식물들도 멸종되고 있어요.

1987년에 국제연합UN은 「우리의 공동 미래」라는 제목의 중요한 보고서를 발표했어요. 그 보고서에는 '지속 가능한 발전'이라는 용어가 나와요. '지속 가능한 발전'이란 자연의 질서를 훼손하지 않는 비파괴적인 방식을 이용해 경제를 발전시킨다는 뜻이에요. 「우리의 공동 미래」는 지금까지의 경제 발전 방식은 자연을 훼손할 수밖에 없기 때문에 계속 유지할 수 없다고 했어요. 보고서는 특히 아주 빠른 속도로 멸종되고 있는 동식물 명단을 싣고 "지구에서 한 번도 경험하지 못했던 속도로 생물종이 사라져 가고 있다는 데 동의하는 사람이 점점 늘어나고 있다"라고 했어요.

현재 알려진 동물 종 가운데 적어도 72%는 곤충이에요. 당연히 곤충은 자연계에서 아주 중요한 역할을 할 수밖에 없어요. 곤충이 사라지면 정말로 큰일이 생길지도 몰라요. 에드워드 O. 윌슨은 "곤충과 육상 절지동물은 너무나도 중요해서 이 동물들이 모두 사라지면 사람은 고작 몇 달 정도밖에는 버티지 못할 것이다"라고 했어요. 윌슨의 예언은 "벌이 지구에서 사라진다면 사람은 고작 4년밖에는 버티지 못할 것이다"라고 한 아인슈타인의 예측보다 훨씬 심각하고 일리가 있어요.

지금까지 얼마나 많은 종이 사라졌고, 지금도 얼마나 많은 종이 사라지고 있는지를 과학자들은 정확하게 말해 줄 수 없어요. 아직 과학계가 지구에서 살아가는 모든 생물종을 다 알지 못한다는 사실을 생각해 보면 당연한 일이에요. 세계자연보존연맹IUCN은 이미 곤충 72종이 멸종했다고 발표했어요. 이 발표가 옳다면 이 곤충들과 관계를 맺고 살아가던 많은 생물종도 위험해졌을 거예요. 일반인에게 생물종이 처한 상태를 알려 주는 미국의 '자연 유산 프로그램Natural Heritage Program'은 상황이 더 심각하다고 생각해요. '자연 유산 프로그램'에 따르면 미국에서만 이미 160종에 달하는 곤충이 멸종했을 수도 있어요.

그런데 많은 과학자가 이 수치를 믿지 않아요. 그런 과학자들은 상황이 훨씬 심각하다고 생각해요. 지난 200년 동안 인구가 크게 증가하고 서식지가 파괴되면서 북아메리카 대륙과 유럽 대륙에서는 수천 종이 넘는 곤충이 사라졌어요. 그곳에 살고 있는 곤충 종은 훨씬 덜 알려져 있으나 실제로는 훨씬 더 많은 곤충이 살아가고 있을 열대 지방에서는 다른 곳보다 훨씬 많은 곤충이 사라졌을 거예요. 1970년대까지만 거슬러 올라가도 수집한 표본 가운데 지금은 살아 있는 개체를 찾을 수 없는 곤충 종을 발견할 수 있어요.

19세기에는 많은 곳에서 쉽게 볼 수 있었던 로키산메뚜기*Melanoplus spretus*도 지금은 더는 존재하지 않는 것 같아요. 19세기에는 로키산메뚜기를 미국 서부와 캐나다 남부에서 흔히 볼 수 있었어요. 1875년에는 길이 2900㎞, 너비 180㎞에 이르는 넓은 서부 지역 두 개 주를 로키산메뚜기가 완전히 덮어 버린 적도 있어요. 당시 메뚜기 떼는 100억 마리 이상이 몰려다닌 것으로 추정하고 있어요. 그 정도로 많은 개체가 몰려다니려면 거대한 들소 떼만큼이나 많은 먹이가 필요해요. 메뚜기 떼는 한 번에 밭에 있는 모든 농작물을 먹어 치웠어요. 농부들이 100억 개의 작은 입이 자신들의 곡식을 아삭아삭 씹어 먹는 소리를 들을 수 있을 정도였다고 해요. 농부들이 농작물을 먹을 수 없도록 천을 덮으면 메뚜기는 그 천까지 먹어 치웠어요.

농부들에게 메뚜기는 저주였어요. 불도 지르고 메뚜기를 쫓으려고 온갖 방법을 써 봤으나 소용이 없었어요.

그런 로키산메뚜기를 지금은 볼 수 없어요. 캐나다에서는 1902년 이후로 메뚜기 떼를 본 사람이 없어요. 그토록 많은 개체가 이렇게 빠른 속도로 사라진 경우는 역사에 기록된 적이 없어요. 메뚜기 떼가 사라진 이유를 아는 사람은 없어요. 과거에 농부들은 로키산메뚜기를 없애려고 많이 노력했지만 모두 실패했어요. 그런 메뚜기 떼가 무엇 때문에 갑자기 사라진 걸까요? 가장 큰 원인은 서식지의 소실이라고 생각하고 있어요. 농부와 목장주들은 메뚜기가 사는 땅의 모습을 바꾸었어요. 풀밭과 숲을 베어 내고 땅을 개간했어요. 메뚜기 떼가 사라졌다고 애통해하는 사람은 없어요. 하지만 과학자들은 궁금해졌어요. 이렇게 엄청난 규모의 개체군이 땅의 변화 때문에 그토록 빠른 속도로 사라질 수 있다면, 작은 개체군들은 얼마나 많은 수가 미처 관찰할 여유도 없이 사라지고 말까요?

서식지 파괴는 우리의 곤충이 사라지는 가장 큰 이유 가운데 하나예요. 미국 남동부와 캘리포니아주처럼 새로 개발되는 지역에서는 서식지 파괴 현상이 훨씬 쉽게 관찰될 뿐 아니라 기록도 더 잘 되어 있어요. 100년도 더 전에 우리가 다른 장소들을 어떤 식으로 훼손했는지는 현재 알 수 없어요. 하지만 샌프란시스코의 경우는 잘 알려져 있어요. 원래는 해안 사구 생태계가 형성되어 있던 곳을 사람의 거주지로 개발한 뒤로 그곳에 살던 나비 세 종이 멸종했어요. 그곳에 남은 나비들은 모두 샌브루노산에서 사는데, 이 나비들도 멸종 위기에 처해 있어요.

허드슨강 어귀에 있던 비옥한 습지를 모두 밀어 버리고 뉴욕시를 세웠을 때 얼마나 많은 곤충과 새, 식물과 포유류가 멸종했을까요? 맨해튼에는 야생고양이 개체군이 있었고, 코니아일랜드에는 섬 이름이 된 야생 코니(토끼) 개체군이 있었어요. 하지만 지금은 모두 사라졌어요.

인류 최초로 모닥불을 피우고 사냥을 하고 경작을 하는 등, 사람 활동은 언제나 자연을 파괴했어요. 그래도 과거에는 사람 개체군의 규모가 크지 않았기 때문에 자연계가 받는 피해는 크게 눈에 띄지 않았어요. 사람은 자연을 이용하는 활동을 하도록 진화했어요. 경험을 통해 이런 활동들이 우리 종의 발전에 도움이 된다는 사실을 알게 되었어요. 사람이 우리 종을 위해 자연을 개발하는 활동은 채집 벌들이 벌집의 이익을 위해 넥타와 꽃가루를 모으는 활동과 같은 거예요. 문제는 끊임없이 서로를 파괴하는 전쟁을 벌였고, 주기적으로 끔찍한 전염병이 발발하는데도 사람 개체군은 계속 증가하고만 있다는 거예요. 지금은 그 어느 때보다도 개발을 해야 한다는 요구가 큰 시대이기 때문에 그만큼 자연도 많이 훼손되고 있어요.

진강도래는 물살이 빠른 강이나 강둑에서 흔히 볼 수 있는 곤충이에요. 진강도래는 송어가 좋아하는 먹이이고, 가짜 미끼를 진강도래 모양으로 만들 때가 많기 때문에 플라잉 낚시를 하는 사람들에게도 익숙한 곤충이에요. 그러나 이제는 진강도래도 사라져 가고 있어요. 수중 곤충이 사라지면 송어도 메기도 연어도 더는 살 수 없을 거예요.

오리건주, 워싱턴주, 아이다호주를 흐르는 컬럼비아강에는 늘어나는 인구가 먹을 식량을 기를 땅을 확보하고 도시를 발전시킬 전기를 생산하려고 댐을 건설했어요. 강물의 흐름이 바뀌자 진강도래와 참뜰길앞잡이가 살아갈 수 없게 되었어요. 댐은 그 지역에서 연어도 살 수 없게 했어요.

진강도래처럼 생의 일부를 강둑에서 살아야 하는 많은 곤충이 물에서 하는 건설 작업 때문에 죽어가고 있어요. 사람들은 강가에 집을 짓는 행위를 아름답다고 생각할지도 모르지만, 사실은 강을 죽이는 일인지도 몰라요.

거대한 왕연어와 홍연어가 멸종 위기에 놓였다는 사실은 진강도래나 참뜰길앞잡이 같은 곤충이 멸종 위기에 놓여 있다는 사실보다 생태적으로나 감정적으로 훨씬 더 사람들을 화나게 했어요. 사람은 그런 식으로 반응하고 생각해요. 이제는 우리가 좋아하는 동물을 구해야 한다는 것뿐만 아니라 전체 생태계를 구해야 한다는 생각을 해야 해요. 건강한 생태계가 없으면 그 어떤 생명체도 살아남을 수 없어요.

당연히 우리가 가장 좋아하는 생물종도 건강한 생태계가 있어야만 살아갈 수 있어요. 우리 사람 말이에요. 곤충이 없으면 우리 사람도 살아남지 못할 거예요. 곤충이 거의 없는 세상, 정말로 거의 존재하지 않는 세상에서는 식물도 거의 수분을 하지 못할 거예요. 그렇다면 사람이 먹을 식량도 거의 생산하지 못할 거예요. 꿀벌 혼자서 우리가 먹는 식량의 90%를 책임지고 있어요. 과일도 토마토 같은 정원 식물도 곡물도 꿀벌이 없다면 많은 양을 생산할 수 없고, 값도 아주 비싸질 거예요. 밀처럼 곤충이 아니라 바람이 수분을 해 주는 곡물도 있어요. 보리도 호두도 바람이 수분을 해요. 하지만 아몬드는 곤충이 없으면 먹기 힘들어질 거예요. 배나 사과 같은 과일은 한 개 가격도 너무 비싸져서 오직 부자만이 가끔 한 개씩만 먹을 수 있게 될 거예요.

대규모로 경작하는 농작물을 수분해 줄 곤충이 충분하지 않다면 가장 저렴하고 쉽게 구할 수 있는 목화도 쉽게 구할 수 없는 비싼 작물이 될 거예요. 육류와 유제품도 거의 생산할 수 없을 테고, 우유와 치즈,

요구르트는 정말 비싸질 거예요. 아이스크림은 정말 먹기 힘든 간식이 될 거예요. 아이스크림을 사 먹을 돈이 있다고 해도 사 먹을 아이스크림이 없을 수도 있고, 인공 감미료를 넣은 아이스크림만 먹어야 할지도 몰라요. 초콜릿 아이스크림이나 바닐라 아이스크림, 과일 맛 아이스크림은 구할 수 없게 될 거예요. 아주 작은 초콜릿 각다귀가 없다면 코코아 식물도 이 세상에서 사라질 거예요. 유제품을 생산하는 농부들은 젖소에게 곡물 대신 풀을 먹여야 할 거예요. 그렇게 되면 소를 기르는 비용은 줄겠지만 유제품 생산량도 크게 줄어 유제품 가격이 상승할 거예요. 게다가 목초지가 사라져 서식지가 더 많이 파괴될 수도 있어요.

게다가 풀도 곤충에 의지해 살아가는 종이 많기 때문에 풀도 부족할 수 있어요. 곤충은 식물의 뿌리가 자랄 수 있도록 토양을 비옥하게 해 줘요. 곤충은 땅을 파고 공기 통로를 뚫어 토양을 식물의 뿌리가 자랄 수 있는 상태로 만들어 주기 때문에 곤충이 없다면 자랄 수 있는 식물은 거의 없을 거예요. 아름다운 식물은 모두 수분 매개자를 끌어들이려고 아름답게 치장하고 있는 거랍니다. 바람이 수분을 해 주는 식물은 굳이 아름답게 꾸밀 필요가 없어요. 곤충이 사라지면 우리가 보기에 수수한 식물들만이 남을 거예요. 곤충이 없으면 꽃도 이 세상에서 사라질 거예요. 게다가 바람이 수분을 돕는 식물은 알레르기를 일으키는 물질을 퍼트려요. 곤충이 없으면 많은 식물이 이 세상에서 사라질 테고, 결국 새도 포유류도 파충류도 양서류도 많은 종이 사라질 거예요. 수많은 생물 종이 사라진 세상에서는 누가 살 수 있을까요? 아무도 알 수 없어요.

곤충이 거의 없는 세상에서는 지금보다 부유한 사람과 가난한 사람의 차이가 훨씬 벌어질 거예요. 아주 부자인 소수는 정말 잘 먹을 테지만 엄청난 수를 차지할 가난한 사람들은 굶게 될 거예요. 그런 상황에서는 사회를 전복하려는 폭력이 일어나고 정치적으로 큰 불안과 혼란에 빠지게 된다는 걸 지금까지의 역사를 통해 잘 알고 있어요. 먹을 식량이 부족해지면 사회는 붕괴하고 말아요.

하지만 이것도 사실은 아주 낙관적인 예측이에요. 우리는 다윈이 한 말을 기억해야 해요. 종의 수가 적어지면 그 누구도 생존하기 어려워져요. 종다양성이 줄어들면 생물종은 더욱 적어지고, 종다양성은 또다시 줄어들어요. 많은 곤충이 멸종하면 그 때문에 많은 식물이 멸종하고, 결국 곤충과 식물을 먹이로 삼아야 하는 많은 새와 양서류, 포유류가 멸종할 수밖에 없어요. 실제로도 이미 곤충을 먹는 많은 새와 개구리가 멸종하고 있어요. 결국 곤충을 먹는 새와 양서류, 포유류를 먹는 동물들도 멸종하게 될 거예요. 눈에 보이지는 않아도 그 때문에 균류와 원생생물, 박테리아도 멸종할 거예요. 눈에 보이지 않는 생물들이 멸종하면 더 큰 생물들에게도 심각한 문제가 생겨요. 균류가 없으면 더는 항생제도 만들지 못할 거예요.

곤충이 사라지면 사람은 생존할 수 있을까요? 지금으로서는 알 수 있는 방법이 전혀 없어요. 무엇이든 먹는 바퀴라면 생존할 수 있는 가능성이 있어요. 사람도 분명히 잡식 동물인 데다, 지금까지는 동물계에서 가장 큰 뇌가 있고 지략도 풍부해요. 그러니까 꽃이 없어도 동물이 적어도 어쩌면 이 세상에서 살아가는 방법을 찾아낼 수 있을지도 몰라요. 꽃 피는 식물이 맺은 과일은 다이아몬드보다도 귀해지겠지만, 사람은 어쩌면 조금 더 효과적인 수분 방법을 찾아낼지도 몰라요.

과학자들은 지구의 역사를 20개 시기로 나누었어요. 예를 들면, 40억 년 전 시기는 명왕누대라고 해요. 이 시기에는 이제 막 태양계가 완성됐기 때문에 아직 지구에는 단단한 암석이 없었어요. 5억 4200만 년 전부터 4억 8830만 년 전까지는 다채로운 사건이 많았던 캄브리아기였어요. 캄브리아기는 엄청나게 다양한 생명체가 탄생해 다양한 생물계를 형성했기 때문에 '캄브리아 대폭발기'라고 부르기도 해요. 쥐라기에는 유명한 공룡이 많이 살았어요. 많은 식물과 곤충이 백악기에 지구에 나타났어요. 1만 1700년 전부터 현재까지를 홀로세라고 해요. 빙하기가 끝난 뒤에 시작한 홀로세에서는 사람이 자연환경에 아주 중요한 역할을 하기 시작했어요. 현재 우리가 살고 있는 홀로세를 그래서 '사람의 시대'라고 부르기도 해요.

그리고 이제 과학자들은 새로운 시대에 관해 이야기하고 있어요. '새로운 사람의 시대'인 인류세가 시작됐다고 하는 거예요. 인류세라는 명칭은 지금은 사람이 다른 동물들보다 많아지고 수많은 동물을 파괴하고 있다는 의미를 담고 있어요. 과학자들마다 인류세가 시작한 시기를 다르게 주장해요. 어떤 과학자들은 20세기부터를 인류세라고 생각하지만, 그보다 더 먼저 인류세가 시작됐다고 생각하는 과학자들도 있어요. 산업혁명이 시작된 19세기에 인류세는 시작됐다는 거예요. 사람이 농사를 짓기 시작한 수천 년 전에 사실상 인류세가 시작됐다고 보는 과학자들도 있어요. 사람이 농사를 지으며 자연을 조작하기 시작한 뒤로 이 세상은 그 전과는 전혀 다른 모습으로 영원히 바뀌었다는 건 분명한 사실이니까요.

아무튼 새로운 시대는 이미 시작됐어요. 지금 우리는 새로운 시대에서 살고 있어요. 우리는 곤충을 포함한 동물을 정말로 놀라운 속도로 빠르게 파괴하고 있어요. 에드워드 O. 윌슨이 경고한 것처럼 우리가 만드는 새로운 시대는 '외로움의 시대'가 될지도 몰라요.

한 종이 지나치게 많이 번식하고 지나치게 자원을 많이 소비해 다른 종과는 비교도 할 수 없을 정도로 많은 서식지를 차지하고, 다른 종이 사용할 자원을 전혀 남기지 않는 상황을 생물학적으로 상상해 보세요. 이 세상에는 어떤 종이든 그 종이 지나치게 많이 증가해 생태계를 파괴하지 못하게 막는 천적이 있어요. 그런데 한 종이 포식자나 박테리아 같은 천적을 효과적으로 물리쳐서 그 종을 막을 천적이 전혀 없다고 생각해 보세요. 다윈은 "예외가 없는 규칙이 하나 있는데, 그것은 어떠한 유기체든지 자연에서 파괴되지 않고 지나치게 빠른 속도로 증가하기만 한다면 지구는 곧 한 쌍에게서 나온 자손들로 뒤덮이게 된다는 것이다"라고 했어요. 그 말은 한 종이―더 나아가 한 종의 단일 혈통이―이 세상을 뒤덮어 결국 나머지 자연계의 생존을 위협하게 된다는 뜻이에요. 자연에서 살아가는 모든 생물종에게 천적이 있는 건 바로 그 때문이에요.

사람은 다른 모든 생물종에게서 세상을 빼앗는 단일 종처럼 보여요.

우리가 뛰어난 머리로 다른 생물들이 사라진 세상에서 생존하는 법을 알아낸다고 해도 그 세상은 분명히 윌슨이 말한 것처럼 '외로운 시대'가 될 거예요. 그러니 이제는 우리의 좋은 머리로 지금 우리와 함께 살아가는 모든 생명체와 더불어 번성하는 방법을 찾는 것이 훨씬 현명하지 않을까요?

그런 방법을 찾지 못한다면 우리는 지능을 가진 존재로 진화했으나 충분히 지능적인 존재로는 진화하지 못한 거예요. 우리는 진화가 실수를 하며, 한 종을 완전히 죽일 수도 있고 한 종을 지나치게 번성하게 할 수도 있다는 사실을 알고 있어요. 혹시 지능은 한 종의 생존을 보장하는 특성이 아니라, 그러니까 사실은 한 종을 효과적으로 생존하게 해 주는 특성이 아니라, 그저 자연의 실수였던 건 아닐까요? 사람이 사라지면 지적 능력이 없는 생물로 진화한 박테리아, 균류, 고세균 같은 생물이 훨씬 더 잘 살 수 있지 않을까요?

22. 죽음의 생물학

　자연을 파괴할 수 있는 여러 원인 가운데 우리가 가장 해결하기 쉬운 문제는 살충제 문제랍니다. 농작물을 파괴하는 해충은 농가가 생존할 수 있을 만큼 돈을 벌려면 반드시 해결해야 하는 중요한 문제예요. 게다가 계속 증가하는 세계 인구를 생각하면 많은 사람을 먹일 수 있을 만큼 충분히 많은 농산물을 생산해야 해요. 해마다 곤충과 진드기 피해를 보는 농작물이 전체 농작물의 12%나 된다는 사실을 생각해 보면 농부들은 반드시 해충을 없앨 방법을 찾아야 해요.

　살충제는 살충제를 뿌린 지역의 모든 생물을 죽이는 물질이 아니라 특별한 목표만을 겨냥한 물질로 만들어야 해요. 꽃이 필 때는 살충제를 뿌리지 않는 방법도 수분 매개자에게 도움이 될 거예요. 수분 매개자가 살 수 있는 작은 서식지를 만들어 주는 것도 방법이 될 수 있어요. 이 세상에는 농지 가장자리에 산울타리를 만들어서 곤충을 살게 하는 전

통이 있는 나라도 있어요.

그런데 사실 독성이 있는 살충제는 전혀 사용할 필요가 없을지도 몰라요. 생물 방제는 상당히 오래전부터 검증된 해충 방지 전략이에요. 살충제를 사용하는 것보다 훨씬 오래된 전략이에요. 집 근처에 생쥐가 보이면 독약을 뿌려 아이들과 가축을 위험하게 하는 대신에 고양이를 한두 마리 기르는 농부가 많을 거예요. 진딧물을 먹는 무당벌레가 존재하는 것처럼 자연에서는 해충들 거의 모두에게 천적이 있어요.

물론 천적으로 해충을 막는 전략에도 위험은 있어요. 생물다양성을 해치는 위협을 의미하는 HIPPO의 'I'가 외래 침입종이라는 거, 기억하죠? 천적으로 해로운 동물을 없애려고 했던 시도 가운데 가장 유명한 실패 사례는 사탕수수를 먹는 쥐를 없애려고 카리브해 지역에 인도 몽구스를 들여온 거예요. 이빨이 날카롭고 꼬리가 긴 몽구스는 자신에게

맡긴 일을 너무 잘해서 카리브해로 들어온 지 얼마 되지 않아 쥐를 모두 없앴어요. 잡아먹을 쥐가 사라지자 이번에는 땅에 둥지를 짓고 사는 새와 도마뱀, 바다거북처럼 토종 생물을 잡아먹기 시작했어요. 지금은 몽구스가 생태계를 해치는 유해 동물이 되었으나 몽구스를 해결할 방법을 아는 사람은 없어요.

보통 과학자들은 생물 방제를 아주 조심스럽게 진행해요. 생물 방제 때문에 문제가 되는 경우는 거의 없어요. 외래 침입종이 문제가 되는 것은 캘리포니아주에서 감귤 농사를 망친 이세리아깍지벌레처럼 우연히 들어온 경우가 대부분이에요.

미국에서 농산물을 망치는 해충은 많은 수가 토종 곤충이 아니에요. 상황은 다른 나라에서도 거의 마찬가지예요. 원래 그 지역에 살았던 곤충이 통제하기 힘들 정도로 많아지는 경우는 드물어요. 토종 생물에게는 개체 수를 조절하는 천적이 있기 때문이에요. 그와 달리 원래는 그 지역에 있으면 안 되는 곤충은 특정 작물에 생각지도 않았던 왕성한 식욕을 보이지만 그 곤충을 막을 천적은 없어요. 외래 곤충이 원래 있던 서식지에서는 다른 곤충이나 동물, 또는 바이러스가 그 곤충을 공격해 한 개체군의 규모가 위험할 정도로 커지는 걸 막아요. 하지만 새로 정착한 서식지에는 그 곤충을 통제할 천적이 전혀 없어요. 속절없이 커지는 외래 곤충의 개체군 규모를 조절하려면 독성이 있는 화학 물질을 뿌려 죽이거나 천적을 들여와야 해요. 천적은 외래 곤충이 원래 살았던 지역에서 데려오는 경우가 많아요.

1940년대에 DDT가 살충제의 시대를 열기 전까지만 해도 외래 침입종을 막는 방법은 천적을 들여오는 것뿐이었어요. 살충제를 사용해 본 농부들은 그 즉시 살충제의 장점을 알 수 있었어요. 무엇보다도 살충제는 심리적으로 만족감을 주었어요. 살충제를 뿌린 농부는 빠르고도 확실한 결과를 확인할 수 있었어요. 해충을 없애려고 딱정벌레 같은 곤충을 들여오면 결과가 나기까지는 조금 시간이 걸려요. 더구나 말라리아처럼 모기가 옮기는 질병을 막는 등, 특정 살충제는 누구나 알 수 있는 탁월한 결과를 냈어요.

　　하지만 살충제에는 치명적인 부작용이 있어요. 자연의 질서를 해칠 뿐 아니라 우리가 지키고 싶은 생명체도 많이 죽여요. 사람도 살충제의 피해자예요. 해마다 20만 명이 살충제에 중독되고 있어요.

　　일단 땅에 뿌린 살충제는 강이나 시내 같은 물속으로 스며들어 몇 년 동안 독성을 유지하기 때문에 살충제 때문에 생긴 결과를 모두 평가하기는 힘들어요. 게다가 살충제가 목표했던 해충에게는 살충제에 내성이 생겨요. 그 때문에 처음 살충제를 뿌리면 엄청난 효과가 있는 것처럼 보이지만 시간이 흐르면 살충제의 양을 크게 늘리지 않는 한 해충 제거 효과는 줄어들 수밖에 없어요.

　　그에 반해 무당벌레에게 내성이 생기는 진딧물은 없어요. 농지에 천적을 풀어놓는다고 해도 천적이 해충을 모두 없애는 경우는 드물어요. 자연은 천적이 먹이 생물을 완전히 죽이는 방향으로 작동하지 않아요. 사람이 살충제를 사용하는 걸 훨씬 선호하는 이유는 그 때문이에요. 살충제는 해충을 완전히 박멸하지만 천적은 해충의 개체 수만을 조절할 뿐이니까요.

곤충과 진드기를 공격하는 바이러스는 수백 종이 있어요. 유용한 박테리아도 아주 많아요. 균류는 가장 먼저 생물 방제에 활용한 유기체 가운데 하나예요.

공식적으로 '생물 방제'라는 용어는 1888년에 캘리포니아주에서 감귤류 농장을 망쳤던 이세리아깍지벌레를 성공적으로 막으면서 처음 사용하기 시작했어요. 귀중한 농작물을 극성스러운 해충에게서 구해 낸 농부들은 비슷한 방법으로 작물을 구할 방법을 찾기 시작했어요.

사실 생물 방제는 이전에도 많았어요. 고대 중국인들은 감귤을 먹는 귀찮은 딱정벌레와 탐욕스러운 애벌레를 막으려고 감귤밭에서 개미를 길렀어요. 개미로 해충을 막는 방법은 서기전 324년까지 거슬러 올라가요. 한 강연에서 칼 린네는 이렇게 말했죠.

> 사람들은 곤충이 주는 피해에 주목하기 때문에 곤충을 없앨 방법을 생각해 왔습니다. 하지만 지금까지 곤충으로 곤충을 없앤다는 생각을 한 사람은 아무도 없습니다. 곤충에게는 늘 그 곤충을 쫓아다니며 잡아먹는 포식자가 있는데도 말입니다.

이 위대한 생물학자에게 반대하고 싶은 생각은 없지만, 사실 곤충으로 곤충을 잡는다는 생각은 그전에도 정말 많은 사람이 했어요. 그저 곤충이 엄청난 규모의 상업 작물을 구해 주기 전까지는 천적 곤충의 능력을 활용한다는 생각을 진지하게 해 본 농부가 없었을 뿐이에요. 일단 곤충이 해충을 잡아먹는 효과가 입증되자 거의 모든 사람이 곤충 포식자가 작물을 구해 주기를 바라게 되었어요.

여러 과, 여러 속의 기생 생물이 여러 곤충을 먹이로 삼고 있어요. 딱정벌레 중에는 농작물을 먹기 때문에 해충으로 분류된 종도 있지만, 많은 딱정벌레가 곤충을 잡아먹는 데는 선수인 효과적인 포식자랍니다. 개미도 개체 수를 조절해야 하는 해충으로 여겨질 때가 있지만, 해충을 조절할 때 많이 투입되는 해충 조절자예요.

맵시벌과 Ichneumonidae의 기생벌도 다양한 곤충에게 치명상을 가하는 기생 생물이에요. 맵시벌과에는 척추동물 포유류, 양서류, 파충류, 어류, 조류을 이루는 모든 종보다 훨씬 많은 종이 있어요. 농작물을 해치는 특정 소똥구리 종을 먹는 사탕수수두꺼비 Rhinella marina 같은 곤충이 아닌 포식자도 있어요. 모기를 효과적으로 잡는 물고기와 도마뱀도 있어요. 모기 유충을 먹기 때문에 전 세계에서 도입한 모기물고기도 있고, 메뚜기를 먹는 찌르레깃과 새들도 있어요.

빈대는 정말 흥미로운 모순을 낳아요. 빈대 빈대는 진짜 버그예요에게 물린 사람은 피부에 발갛게 발진이 일어나요. 사람들은 언제나 빈대를 싫어했어요. 최근 몇 년간 뉴욕을 비롯한 여러 도시에서 빈대가 극성을 부렸어요. 그 때문에 토지 소유자, 세입자, 집주인, 호텔 주인들은 방역 전문가를 고용해 집 안 구석구석에 독성 물질을 뿌렸죠. 그러나 또 이 때문에 특히 어린아이들을 비롯해 집안 가득 뿌린 독성 물질을 걱정해야 하는 사람들도 생겨났어요.

유럽에서는 일찍이 1776년에 노린재 *Picromerus bidens*를 침실에 넣으면 빈대를 없앨 수 있다는 사실을 알았어요. 반시목인 노린재는 진딧물, 딱정벌레, 식물의 수액, 빈대를 먹거든요. 녹색과 회색인 노린재를 집에 풀어놓으면 곧 빈대가 사라질 거예요. 노린재는 사람을 물지 않지만 자기 집에 노린재가 들어오면 사람들은 노린재와 함께 살기보다는 독약을 뿌려 노린재를 죽이는 쪽을 선택할 거예요. 왜냐하면 사람들은 버그를 싫어하니까요. 노린재도 진짜 버그예요.

23. 무엇을 할 수 있을까요?

공동체가 힘을 합쳐 곤충을 구할 때도 있어요. 뉴욕 애디론댁산맥에 있는 월턴이라는 마을에서 그런 일이 있었어요. 월턴은 아름다운 풍경을 자랑하는 시골 마을이었어요. 하지만 1970년대에 그 모습이 바뀌었습니다. 주간 고속도로가 뚫리자 집과 쇼핑몰이 점점 더 많이 들어서기 시작했어요.

월턴 마을에는 개발을 찬성하는 주민도 있었고 반대하는 주민도 있었지만, 모두 한 가지만은 같은 마음이었어요. 아름다운 파란색 카너블루나비 *Plebejus melissa samuelis*가 사라진다는 사실에 마음이 아팠던 거예요. 카너블루나비가 사라지는 이유는 위로 곧게 솟은 파란색과 자주색 꽃을 피우는 층층이부채꽃이 사라졌기 때문이에요. 1990년대가 되자 월턴 마을 주민들은 월턴야생보호구역에 자신들의 들판과 숲을 기증했어요. 지역 주민들도, 사업체도, 학교도, 모두 층층이부채꽃을 살리는 데 동참했어요. 버지니아주에 기반을 둔 100년 전통의 환경 단체 '자연보호협회Nature Conservancy'가 윌턴 마을 사람들을 도왔어요. 학교에서는 학생들에게 층층이부채꽃 씨를 나누어 주었고, 사람들은 나비가 날아올 수 있도록 정원을 가꾸기 시작했어요. 결국 카너블루나비는 돌아왔고, 다른 생물종도 나비 덕분에 혜택을 보고 있어요.

요즘에는 발자국을 줄여야 한다는 말을 많이 해요. 특히 탄소 발자국을 줄여야 한다는 말을 많이 하죠. 탄소 발자국이란 우리가 활동한 결과로 발생하는 탄소의 양을 뜻하는데, 이 탄소가 기후 변화를 일으켜요. 그러나 이제는 단순히 탄소 발자국이 아닌 더 많은 문제를 논의해야 해요. 우리가 자연에 미치는 영향력을 고민해야 해요. 가장 먼저 이해해야 하는 일은 의심할 여지 없이 우리는 발자국을 남긴다는 거예요. 우리는 자연계에 존재하는 생물종이에요. 우리는 생태계 안에서 살아가고 있어요. 우리는 어쩔 수 없이 자연과 관계를 맺고 살아가야 해요. 그러니 당연히 우리가 하는 모든 일이 자연에 영향을 미칠 수밖에 없어요. 따라서 우리는 가능한 한 아주

좋은 발자국을 남겨야 해요.

우리가 곤충을 도울 방법은 있어요. 곤충을 도우면 장기적으로는 결국 우리 모두를 돕게 될 거예요.

- 먼저 우리가 흔히 남기는 발자국을 생각해 봐요. 곤충을 볼 때마다 아무 의미 없이 밟아 죽이는 행동을 생각해 보는 거예요. 이제는 많은 사람이 하는 그런 끔찍한 습관을 고칠 때가 되었어요.
- 정원에 수분 매개자를 불러들일 꽃을 심는 거예요. 벌과 나비가 올 수 있도록 둥지를 지어 주는 거예요. 뒤뜰에 벌이 살 수 있는 정원을 만들거나 건물 지붕 위에 꽃 상자를 놓고 식물을 심는 거예요.
- 반딧불이가 사는 지역에서는 밤이면 조명을 줄이는 거예요. 투광 조명등을 켜지 말고 빛 공해를 줄이는 거예요. 빛 공해를 없애는 건 반딧불이를 불러 모을 의도가 없다고 해도 누구나 지키면 좋은 규칙이에요.
- 나무 주변에는 자연이 남긴 '쓰레기'를 두는 게 좋아요. 작은 가지나 잎처럼 숲속 바닥에서 찾을 수 있는 쓰레기를 남겨 두는 거예요. 반딧불이는 그런 곳에 알을 낳아요. 인공 연못처럼 고인 물도 만들어 주어야 해요. 수영장은 화학 물질을 뿌리기 때문에 반딧불이에게 도움이 되지 않아요.
- 식구들에게 잔디밭이나 정원에 살충제를 뿌리지 말고 천연 비료를 사용해 달라고 부탁하는 거예요. 풀이 길게 자라게 해 주고, 잔디밭 일부는 잔디를 깎지 말고 내버려 두는 거예요. 반딧불이가 날아오게 하려면 조금 다르게 생긴 정원이 필요해요. 반딧불이는 키가 큰 풀밭에서 살아요.

- 나비를 연구하는 과학은 더는 아마추어 수집가들에게 의존하지 않지만, 여전히 나비는 아마추어들에게 의존하고 있어요. 몇몇 과학자들이 자원봉사자 수백 명의 도움을 받아 제왕나비를 살리려고 애쓰고 있어요. 제왕나비가 있는 곳을 파악하고 이주 상태를 확인해 주는 자원봉사자도 수천 명이나 돼요.

  다음 같은 단체들이 도움을 주고 있어요. 북아메리카 나비 협회 NABA.ORG, 제왕나비 관찰자 MONARCHWATCH.ORG, 남서부 제왕나비 연구회 SWMONARCHS.ORG.

- 나비 정원을 만들고 싶거나 나비, 벌 같은 수분 매개자를 돕고 싶다면 서세스 협회 XERCES.ORG에 연락해 보세요.

- 코넬 대학교 곤충학과에서는 무당벌레를 찾아 줄 자원봉사자를 찾고 있어요. '잃어버린 무당벌레 프로젝트'를 위해 무당벌레를 찾아 줄 아이들을 기다리고 있습니다. 밖에 나가서 무당벌레를 찾으면 사진을 찍어서 LADYBUG@CORNELL.EDU로 보내 주세요. 언제 어디에서, 어떤 서식지에서 찾았는지도 함께 알려 줘야 해요. 무당벌레 찾기 프로젝트는 대규모로 진행되고 있는 과학 연구에 참여할 수 있는 멋진 방법이에요. 좀 더 자세한 정보를 알고 싶다면 LOSTLADYBUG.ORG를 방문해 보세요.

곤충을 돕는 일에 동참해야 해요. 이 지구를 구하려면 곤충을 구해야 해요. 그런데 지구를 구하는 것만큼이나 중요한 두 번째 문제가 또 있어요. 지구의 아름다움을 구해야 하는 거예요. 지구의 아름다움을 지킨

벌은 토마토, 해바라기, 과꽃, 클로버, 천수국, 장미, 히아신스, 금어초, 델피니움, 세이지, 민트, 오레가노, 미나리아재비, 골든로즈 같은 다양한 꽃을 좋아해요. 가능하면 둥지를 지을 흙과 구멍을 팔 통나무나 가지도 준비해 주세요.

벌은 도시 지붕에서도 잘 살아갈 수 있다는 것을 우리는 경험을 통해 알고 있어요. 그러나 지역에 따라서는 지붕 위에서 벌을 기르는 걸 법으로 금지하는 곳도 있으니까 잘 알아봐야 해요. 뉴욕 옥상은 벌이 잘 지내요. 심지어 맨해튼에서도 잘 살아가는 벌들이 있어요.

맨해튼에는 유리로 만든 거대한 재비츠 컨벤션 센터가 있어요. 6.75에이커에 이르는 그곳 옥상에는 다양한 꽃과 식물을 심어서 새가 17종, 박쥐가 5종, 꿀벌이 30만 개체 넘게 날아와요.

벌을 기르고 싶다면 레몬그라스 오일이나 스피어민트 오일을 먹이로 줄 수 있어요. 벌은 둘 다 좋아해요. 레몬그라스와 스피어민트는 벌에게 비타민처럼 작용해서 튼튼한 몸으로 진드기와 바이러스를 물리칠 수 있게 해 줘요. 게다가 벌집에 살충제 대신 뿌릴 수도 있어요. 살충제를 뿌리면 벌 진드기에게는 점점 내성이 생겨요.

벌이 생활할 곳을 조성할 때는 흙도 씨앗도 살충제가 묻지 않은 것으로 준비해야 해요. 특히 씨앗에는 살충제가 묻어 있을 때가 있어요.

꿀벌 보존회, 꿀벌 계획 센터 같은 여러 단체의 웹사이트에서 꿀벌이 좋아하는 식물을 기를 수 있는 방법을 소개하고 있으니 참고하세요.

다는 건 그저 여름날 지저귀는 새들과 윙윙거리며 날아다니는 곤충을 구한다는 의미가 아니에요. 우리는 꽃이나 곤충 같은 자연이 갖는 아름다움이 우리를 즐겁게 하기 위해서가 아니라 그 자체로 소중하기 때문에 존재한다는 사실을 알아야 해요. 그러나 사실 꽃과 곤충은 우리에게 너무나도 커다란 기쁨을 줘요. 시간을 들여 자세히 바라보면 벌의 비행이, 나비의 날개 무늬가, 딱정벌레의 겉날개 색이, 반딧불이의 불빛이 얼마나 아름다운지 알 수 있을 거예요. 곤충은 모두 우리에게 영감과 감동을 주는 자신만의 굉장한 이야기를 간직하고 있어요.

참고문헌

어린이가 읽으면 좋은 책들

Coughlan, Cheryl. *Fireflies*. Mankato, MN: Capstone Press, 1999.

Coughlan, Cheryl. *Ladybugs*. Mankato, MN: Capstone Press, 1999.

Green, Jen. *Butterflies(Endangered!)*. New York: Cavendish Square Publishing, 1999.

Johnson, Sylvia A. *Ladybugs*. Minneapolis: Lerner Publishing Group, 1984.

Kohn, Bernice. *Fireflies*. Englewood Cliffs, NJ: Prentice Hall, 1968.

Pringle, Laurence. *An Extraordinary Life: The Story of a Monarch Butterfly*. New York: Orchard Books, 1996.

누구나 읽으면 좋은 책들

책을 쓰려면 책이 많이 필요합니다. 다음의 책들은 모두 이 책을 연구하는 데 사용된 책들이에요. 더 알고 싶은 호기심 많은 사람을 위해 실었습니다. 난이도는 다양합니다. 카를 폰 프리슈는 어려울 수 있고, 찰스 다윈은 훨씬 더 읽기 쉽습니다. 스티븐 제이 굴드, 올리버 색스와 E. O. 윌슨 같은 과학자들은 매우 읽기 쉬워요. 다른 많은 저자들도 마찬가지입니다.

Benjamin, Alison, and Brian McCallum. *A World Without Bees*. London: Guardian Books, 2008.

Boyd, Brian, and Robert Michael Pyle, eds. *Nabokov's Butterflies: Unpublished and Uncollected Writings*. Boston: Beacon Press, 2000.

Buchmann, Stephen. *The Reason for Flowers: Their History, Culture, Biology, and How They Change Our Lives*. New York: Scribner, 2015.

Buchmann, Stephen L., and Gary Paul Nabhan. *The Forgotten Pollinators*. Washington, D.C.: Island Press, 1996.

Burkhardt, Frederick, ed. *Origins: Selected Letters of Charles Darwin, 1822-1859*. Cambridge: Cambridge University Press, 2008.

Carson, Rachel. *Silent Spring*. Boston: Houghton Mifflin, 1962.

Darwin, Charles. *On the Various Contrivances by Which British and Foreign Orchids Are Fertilised by Insects; and on the Good Effects of Intercrossing*. London: John Murray, 1862.

Darwin, Charles. *The Various Contrivances by Which Orchids Are Fertilised by Insects* [1885 edition]. Honolulu: University Press of the Pacific, 2003.

Debauch, Paul, and David Rosen. *Biological Control by Natural Enemies*. Cambridge: Cambridge University Press, 1991.

Droege, Sam, and Laurence Packer. *Bees: An Up-Close Look at Pollinators Around the World*. Minneapolis: Voyageur Press, 2015.

Gould, James L., and Carol Grant Gould. *The Honey Bee*. New York: Scientific American Library, 1988.

Gould, Stephen Jay. *Bully for Brontosaurus: Reflections in Natural History*. New York: W. W. Norton, 1991.

Gould, Stephen Jay. *Eight Little Piggies: Reflections in Natural History*. New York: Trafalgar Square, 1993.

Gould, Stephen Jay. *The Flamingo's Smile: Reflections in Natural History*. New York: W. W. Norton, 1985.

Gould, Stephen Jay. *Wonderful Life: The Burgess Shale and the Nature of History.* New York: W. W. Norton, 1989.

Heinrich, Bernd. *Bumblebee Economics.* Cambridge, MA: Harvard University Press, 2004.

Holt, Vincent M. *Why Not Eat Insects?* Whitstable, UK: Pryor Publications, 1992 (original 1885).

Lewis, Sara. *Silent Sparks: The Wondrous World of Fireflies.* Princeton, NJ: Princeton University Press, 2016.

Lewis, Trevor, ed. *Insect Communication: 12th Symposium of the Royal Entomological Society of London.* London: Academic Press, 1984.

Lindauer, Martin. *Communication Among Social Bees.* Cambridge, MA: Harvard University Press, 1961.

Manos-Jones, Maraleen. *The Spirit of Butterflies: Myth, Magic, and Art.* New York: Harry N. Abrams, 2000.

Oberhauser, Karen S., Kelly R. Nail, and Sonia Altizer, eds. *Monarchs in a Changing World: Biology and Conservation of an Iconic Butterfly.* Ithaca, NY: Cornell University Press, 2015.

Oberhauser, Karen S., and Michelle J. Solensky, eds. *The Monarch Butterfly: Biology and Conservation.* Ithaca, NY: Cornell University Press, 2004.

Prum, Richard O. *The Evolution of Beauty: How Darwin's Forgotten Theory of Mate Choice Shapes the Animal World—and Us.* New York: Doubleday, 2017.

Pyle, Robert Michael. *Chasing Monarchs: Migrating with the Butterflies of Passage.* New York: Houghton Mifflin Harcourt, 1999.

Raffles, Hugh. *Insectopedia.* New York: Pantheon, 2010.

Resh, Vincent H., and Ring T. Carde, eds. *Encyclopedia of Insects.* Boston:

Academic Press, 2003.

Rothschild, Miriam. *Butterfly Cooing Like a Dove*. New York: Doubleday, 1991.

Russell, Sharman Apt. *An Obsession with Butterflies: Our Long Love Affair with a Singular Insect*. New York: Perseus, 2003.

Sacks, Oliver. *The River of Consciousness*. New York: Alfred A. Knopf, 2017.

Salmon, Michael A. *The Aurelian Legacy: British Butterflies and Their Collectors*. Berkeley: University of California Press, 2001.

Schacker, Michael. *A Spring without Bees: How Colony Collapse Disorder Has Endangered Our Food Supply*. Guilford, CT: Lyons Press, 2008.

Schappert, Phil. *The Last Monarch Butterfly: Conserving the Monarch Butterfly in a Brave New World*. Buffalo, NY: Firefly Books, 2004.

Schappert, Phil. *A World for Butterflies: Their Lives, Behavior and Future*. Buffalo, NY: Firefly Books, 2005.

Simmonds, Peter Lund. *The Curiosities of Food: Or the Dainties and Delicacies of Different Nations Obtained from the Animal Kingdom*. Berkeley: Ten Speed Press, 2001.

Skutch, Alexander F. *Origins of Nature's Beauty*. Austin: University of Texas Press, 1992.

Urquhart, F. A. *The Monarch Butterfly*. Toronto: University of Toronto Press, 1960.

Von Frisch, Karl. Leigh E. Chadwick, trans. *The Dance Language and Orientation of Bees*. Cambridge, Harvard University Press, 1967.

Von Frisch, Karl. Dora Ilse, trans. *The Dancing Bees*. London: Methuen, 1954.

Wilson, E. O., ed. *Biodiversity*. Washington, D.C.: National Academy of

Sciences, 1988.

Wilson, E. O., Marjorie L. Reaka-Kudla, and Don E. Wilson, eds. *Biodiversity II: Understanding and Protecting Our Biological Resources.* Washington, D.C.: Joseph Henry Press, 1996.

Wilson, E. O. *The Creation: An Appeal to Save Life on Earth.* New York: W. W. Norton, 2006.

Wilson, E. O., ed. *From So Simple a Beginning: Darwin's Four Great Books.* New York: W. W. Norton, 2005.

Wilson, E. O. *The Meaning of Human Existence.* New York: Liveright Publishing, 2014.

생물학에 가장 유용한 웹사이트는 생물백과사전eol.org으로, 대표적인 생물학자들이 함께 지속적으로 업데이트하는 생물학적 지식 백과사전입니다.

찾아보기

ㄱ

가로선무당벌레 109
가시응애 86
고세균 14, 15
곤충 채집망 169
골리앗장수꽃무지 18, 19, 98
공룡 25
공진화 40
구점무당벌레 109, 110
균류 14~16
글렌빌, 엘리너 166, 167
글로웜 반딧불이 119
글리포세이트 160
기문응애 77
기생벌 196
기후 변화 33, 89, 90, 111, 134, 158~160, 199
꼬리 흔들기 춤 68
꽃 화석 39
꽃가루 28, 35, 39, 64, 89
꿀벌 19, 37, 41, 43, 44, 47~49, 55~62, 64~81, 83~91, 110, 185
꿀벌 실종 81, 85, 88, 91

ㄴ

나방 139
나보코프, 블라디미르 144, 162, 167, 168, 170, 171, 173
나비 수집가 166
남획 32
넥타 37, 57, 65, 66, 71, 89
노랑초파리 180
노린재 197

ㄷ

다세포 유기체 17
다윈, 찰스 20, 23~27, 35, 36, 38, 86, 96, 102, 103, 115, 116, 143, 165, 179, 187, 189
도도새 25, 26
독나비 143, 144
돌연변이 117

두점무당벌레 11, 109
뒤영벌 53, 75
드리오피드 딱정벌레 133
딱정벌레 95~97

ㄹ

라운드업 레디 160
락토바실루스 아시도필루스 16
랭스트로스, 로렌조 로렌 73
로스차일드, 월터 167
로키산메뚜기 182
로티스블루나비 173, 174
루시페라아제 114, 122, 127~129
루시페린 114, 122, 128, 129
루이스, 사라 129
린네, 칼 13, 14, 24, 195
린다우어, 마르틴 70

ㅁ

말벌 59, 71, 146
매켈로이, 윌리엄 데이비드 127, 128
멸종 27, 31, 179, 181, 187
멸종 위기종 132~135, 171, 173, 180
모르포나비 170
모리셔스 25, 26

무당벌레 10, 98~111
무당벌레 유충 100
무장동물 17
물 부족 현상 110
밀러 의태 145
밀러, 프리츠 145
미국 환경보호국 82, 85
미국송장벌레 134, 135
미션블루나비 171
미토콘드리아 15
밀치고 나가기 춤 69
밀크위드 142, 145, 149, 158~161
밑씨 40

ㅂ

바로아응애 76, 77, 86, 89
바이트로드 108
바퀴 18, 113
박각시 148
박쥐 37
박테리아 14, 16, 38
반딧불이 112~115, 117~132, 143, 200
반딧불이 관광업 124
반딧불이 유충 120, 121

반사 출혈 104, 122
반시류 20
발광 세포 114
백묵병 76
버그 20
번개 버그 119
번식 34, 47, 117
벌 화석 39, 40
벌새 37
벌집 군집 붕괴 현상 80, 84, 88
벌집나방 77, 86
베달리아무당벌레 106~108
베이츠 의태 123, 143
베이츠, 헨리 월터 123, 143
변이 35, 115~117
변태 51
변하는 혈통 25
본드, 러스킨 97
부탄글로리나비 174
북두칠성 반딧불이 119
분류 체계 14
블레이크, 윌리엄 12
비글호 20, 97
비둘기 25
비티균 87

빛 공해 125, 127, 200

ㅅ

사탕수수두꺼비 196
살충제 29, 32, 75, 77, 78, 80~88, 105, 111, 129, 130, 132, 146, 191, 192, 194, 200, 202
생물 방제 107, 192, 193, 195
생물권 32
생물다양성 27, 29, 32, 192
생물다양성 학회 32
생물발광 112~114, 117
생틸레르, 에티엔 조프루아 17
서세스 협회 174
서세스블루나비 174
서식지 감소 29
서식지 파괴 30~32, 124, 125, 183
세계자연보존연맹 174, 181
수벌 50, 51, 54
수분受粉 35, 37~39, 42, 44, 55, 59, 88, 90, 96, 186
수분 매개자 36~43, 55, 56, 90, 95, 148, 186, 191, 200
스트렙토코쿠스 서모필루스 17

ㅇ

아도니스블루나비 170
아리스토텔레스 50, 65, 66, 97
아메리카 꿀벌 91
아몬드 74, 185
아시아 무당벌레 110
아이스크림 186
아인슈타인, 알베르트 181
아탈라부전나비 171, 172
아프리카화 벌 61, 62, 89
알칼리벌 74, 75, 78
암술 35, 39, 40, 56
야생종 집단 60
양봉꿀벌 57, 59~61, 90
어쿼트, 노라 151, 152
어쿼트, 프레더릭 151~153
얼룩말제비꼬리나비 172
여왕나비 143
여왕벌 47, 50~54
열대우림 11, 21, 30, 140, 170
엽록체 15
오론 길앞잡이 132
오염 32
완두 41
왕연어 185
외래 곤충 193
「우리의 공동 미래」 180
우즈, 칼 14
원생생물 14, 15, 21, 22
원형 춤 67, 68
웨너, 에이드리언 70
웰스, 패트릭 70
윌슨, 에드워드 O. 10, 21, 32, 181, 189, 190
유산균 16, 17
유전자 21, 25
유전자 조작 식물 87, 88, 160
유전자 중복 117
의도하지 않은 결과의 법칙 76, 78
이미다클로프리드 84, 85
이세리아깍지벌레 105~108, 195
인구 증가 32
인류세 188, 189
인시목 139
일벌 51~53, 67, 71, 79, 80

ㅈ

자메이카 큰제비꼬리나비 173
자연 선택 103, 115
자연 유산 프로그램 181

자연보호협회 199
자주개자리 74~76
작은멋쟁이나비 150
작은벌집딱정벌레 77
작은주홍부전나비 172, 175
장님노린재 75
장님딱정벌레 103
장수말벌 89, 90
적색목록 174
절지동물 17, 18, 51, 181
정찰병 꿀벌 66~69, 71
제왕나비 140, 142~161, 169, 176
제왕나비 생물권 특별 보호지역 156
제왕표범나비 172
조류 15
종다양성 110, 179, 187
『종의 기원』 23, 26, 35
진강도래 184, 185
진딧물 10, 18, 20, 100, 101
진와충류 17
진화 25, 38, 115~117
진화론 24, 70
짚신벌레 15
짝짓기 50, 104, 117, 118, 121, 149

ㅊ
참뜰길앞잡이 184, 185
척삭동물 51
철로벌레 131
초콜릿 각다귀 186
총독나비 143, 144
총채벌레 39, 108
층층이부채꽃 171, 198, 199
칠점무당벌레 110
『침묵의 봄』 29, 82, 83
침입종 31, 32

ㅋ
카가수정 35
카너블루나비 173, 198, 199
카르데놀라이드 142
카슨, 레이첼 29, 82, 83
캐나다 가위벌 76
콜로라도부전나비 151
퀸알렉산드라 버드윙 나비 141
『큰 경주』 97

ㅌ
타고르, 라빈드라나드 150
탄소 발자국 199

털박각시 141

ㅍ
파리 43
페니실린 16
펜더스블루나비 171
펜캡-M 84
폭스, 윌리엄 다윈 23, 24
폰 프리슈, 카를 66~68, 70
프랑스 양봉업자 전국연합회 85
플로리다제왕나비 151

ㅎ
하이네, 하인리히 40
하인스에메랄드잠자리 180
학명 13, 19, 21
항생제 88, 187
허먼산 유월 딱정벌레 133
헤라클레스장수풍뎅이 98
현대식 벌통 73
현화식물 35, 37, 42~44, 57
호모 사피엔스 115
홍연어 185
화석 116
화학 방제 107

흰목줄무당벌레 107

기타
ATP아데노신 삼인산 121, 122
DDT 29, 82, 83, 107, 134, 194
HIPPO 29, 31~33, 192

지은이 마크 쿨란스키 Mark Kurlansky

《뉴욕 타임스》 베스트셀러 작가로, 지금까지 30권이 넘는 책을 썼다. 코네티컷주 하트퍼드에서 태어나 버틀러 대학에서 연극과를 졸업했다. 극작가로 일하다가 어부, 항만 노동자, 법률가 보조원, 요리사 등 여러 직업을 거쳐 저널리스트로 활동하며 저술 활동을 하고 있다. 그가 쓴 책으로 『물고기가 사라진 세상』, 『대구 이야기』, 『소금, 세계사를 바꾸다』 등이 있다. 데이턴 문학 평화상, 본아베티의 올해의 음식 작가 상, 제임스 비어드 상, 글렌피딕 상을 받았다. www.markkurlansky.com

삽화 지아 리우 Jia Liu

마리아 지안페라리가 쓴 『엄청난 혓바닥(Terrific Tongues!)』의 삽화를 그렸다. 중국 중앙 순수미술 대학교에서 그래픽 디자인과 그림책 일러스트를 공부했고, 메릴랜드 예술대학교에서 일러스트로 미술 석사 학위를 받았다. www.jia-liu.com

옮긴이 김소정

생물학을 전공했고 과학과 역사를 좋아한다. 꾸준히 동네 분들과 독서 모임을 하고 있고, 번역계 후배들과 함께 번역을 공부하고 있다. 오랫동안 번역을 했으면 하는 바람이 있다. 『커져버린 사소한 거짓말』, 『내가 너에게 절대로 말하지 않는 것들』, 『비욘드 앵거』, 『악어 앨버트와의 이상한 여행』, 『완벽한 호모 사피엔스가 되는 법』, 『만물과학』, 『프리티 씽』, 『마음의 상처로 죽을 수도 있을까?』 등을 번역했다.

곤충들이 사라진 세상: 곤충이 사라지면 얼마나 위험할까?

1판 1쇄 발행 2022년 6월 13일
1판 2쇄 발행 2022년 11월 11일

지은이 마크 쿨란스키 | 삽화 지아 리우 | 옮긴이 김소정
펴낸이 조추자 | 펴낸곳 두레아이들 | 등록 2002년 4월 26일 제10-2365호
주소 서울시 마포구 독막로 100 세방글로벌시티 603호
전화 02)702-2119(영업), 703-8781(편집)
팩스 02)715-9420 | 이메일 dourei@chol.com | 블로그 blog.naver.com/dourei

* 책값은 뒤표지에 적혀 있습니다. 잘못 만들어진 책은 구입하신 곳에서 바꾸어 드립니다.

ISBN 979-11-91007-18-3 73470